Projetos interculturais na escola
Reflexão e ação no coletivo

» COLEÇÃO CANTEIRO DE OBRAS

Projetos interculturais na escola
Reflexão e ação no coletivo

Abdeljalil Akkari
Mylene Santiago

© do texto: Abdeljalil Akkari e Mylene Santiago
© desta edição: Selo Emília e Solisluna, 2024

EDITORAS: Dolores Prades e Valéria Pergentino
COORDENAÇÃO EDITORIAL: Carolina Fedatto
PREPARAÇÃO DOS ORIGINAIS: Luiza Barros
REVISÃO DO TEXTO: Francisco Casadore
CAPA E PROJETO GRÁFICO: Mayumi Okuyama
DIAGRAMAÇÃO: Mayumi Okuyama e Júlia Peti

A reprodução não autorizada desta publicação, no todo ou em parte, constitui violação de direitos autorais (Lei 9.610/98).
A grafia deste livro segue as regras do Novo Acordo Ortográfico da Língua Portuguesa.

Dados Internacionais de Catalogação na Publicação (CIP) de acordo com ISBD

A315p   Akkari, Abdeljalil

            Projetos Interculturais na Escola: Reflexão e ação no coletivo / Abdeljalil Akkari, Mylene Santiago. - Lauro de Freitas : Solisluna Editora ; São Paulo : Selo Emilia, 2024.
            184 p. ; 15cm x 18cm.

            Inclui bibliografia e índice.
            ISBN: 978-85-5330-018-1

            1. Educação. 2. Formação. 3. Escola. 4. Professores. 5. Cultura e escola. I. Santiago, Mylene. II. Título..

2023-2789   CDD 370
                                                                       CDU 37

Elaborado por Vagner Rodolfo da Silva – CRB-8/9410

Índice para catálogo sistemático:
1. Educação 370
2. Educação 37

Selo Emília
www.revistaemilia.com.br
editora@emilia.com.br

Solisluna Editora
www.solisluna.com.br
editora@solisluna.com.br

Sumário

11 APRESENTAÇÃO
A escola para todos: lugar de direitos e do diverso

15 INTRODUÇÃO
Reflexão e ação no coletivo

21 **1. Projetos interculturais**
Introdução   21
Interculturalidade e projetos   26
A noção de cultura   30
Motivos e destinos de um projeto intercultural   35
Interculturalidade, etnicidade e migração na escola   37
Invisibilidade cultural: racismo, discriminação e privilégios   45
Os valores de um projeto intercultural   53
   Culturas como força motriz   54

Inclusão   62
Pedagogias envolventes e inovadoras   70
Diferença e igualdade   73
Cidadania e democracia   76
Solidariedade e compromisso   80
Emancipação e competências interculturais   82
Síntese   85

89 **2. Interculturalidade e inclusão na escola**
Introdução   89
Desafios à aprendizagem e à participação de todos   95
Apoio institucional à diversidade   97
Relações com o Projeto político-pedagógico   102
Por um currículo intercultural e inclusivo   105
Síntese   109

113 **3. O processo de construção de propostas interculturais**
Introdução   113
Dos problemas aos objetivos: a metáfora da árvore   115
Construção coletiva de ideias   115

Trajetória do projeto 117

Planejamento coletivo e participativo 121

Escrita da proposta inicial 122

Seleção de objetivos 123

Cultura discente em foco 124

Cronograma 125

Impactos de um projeto intercultural 126

Abordagens orientadas para a mudança 127

Valorização e escuta de percepções subjetivas 127

Análise coletiva das mudanças 128

Equipes de ensino em foco 129

Reconhecimento das pequenas mudanças 129

Questionamentos das hipóteses iniciais 131

Síntese 132

4. Como elaborar um projeto intercultural na prática

Introdução 135

Participantes e recursos 136

Implementação e acompanhamento 138

Monitoramento 139

Parcerias e pesquisas 140

Bases curriculares 141

Síntese 150

153 **5. Avaliação e revisão das ações**

Introdução 153

Continuidade e renovação 154

Concepções de avaliação 155

Divulgação dos efeitos do projeto 157

Compartilhamento para a comunidade educativa 159

Institucionalização das ações interculturais 161

Síntese 163

165 **6. Novos ciclos e recriação de projetos interculturais**

173 **Bibliografia**
181 **Sobre os autores**

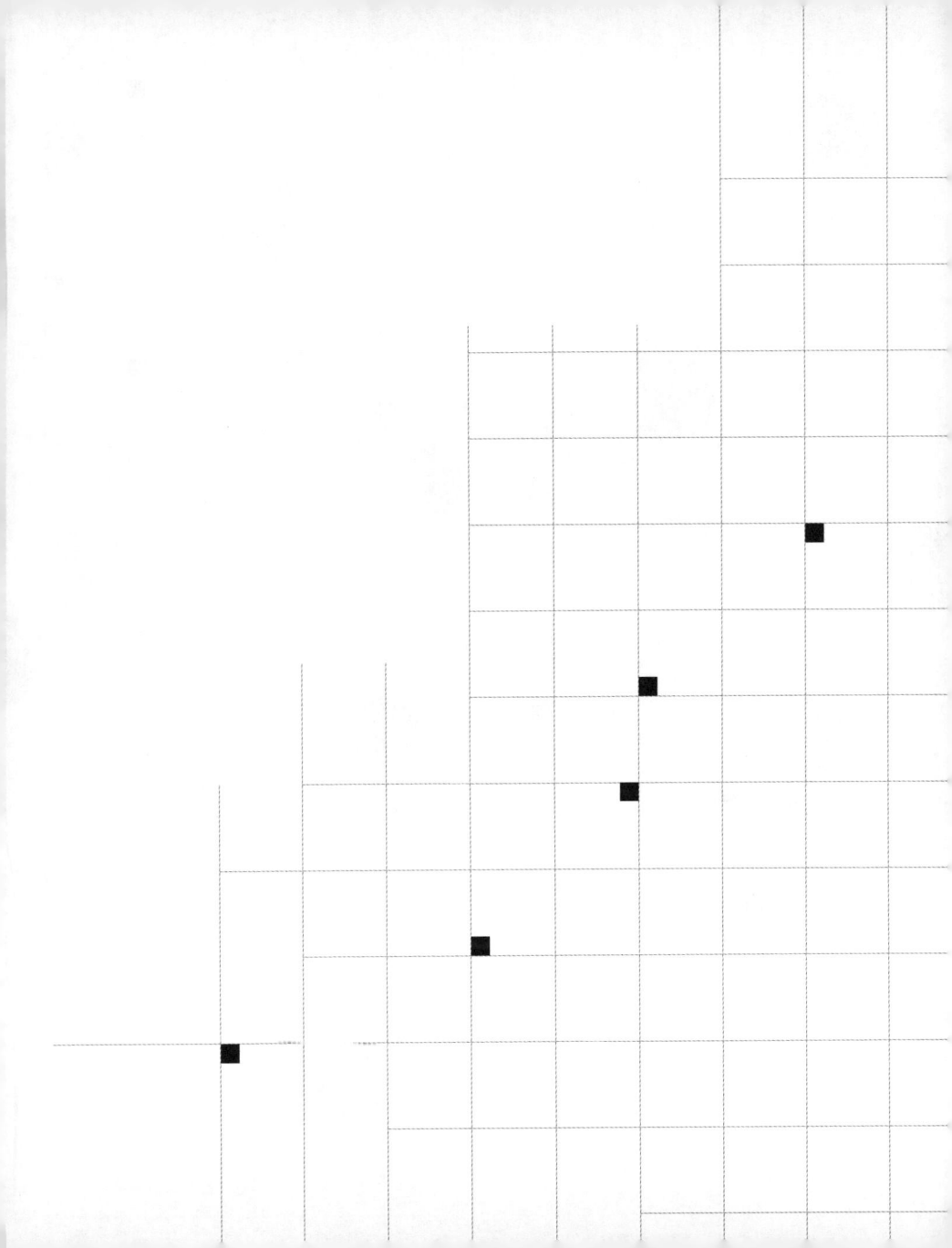

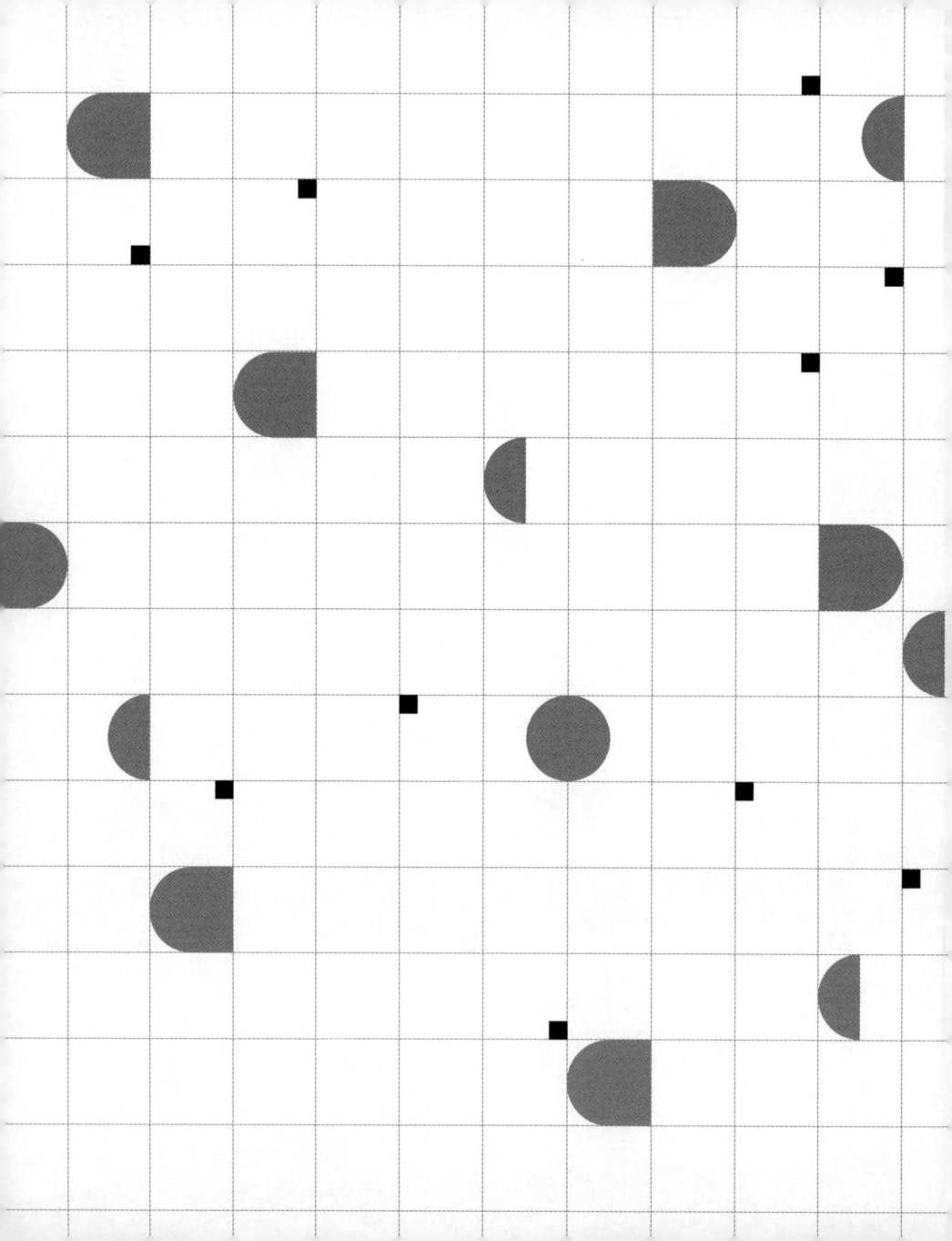

Apresentação
A escola para todos: lugar de direitos e do diverso

Ana Carolina Carvalho

"A gente precisa do diferente para ser humano."

Essa era uma das frases reiteradamente ouvida por quem convivia com Paulo Freire. É na diversidade, no encontro com o outro que nós nos humanizamos. Talvez este seja o nosso maior desafio: o contato profundo com o diverso, com o que não é igual, com o que nos retira do conforto das certezas pessoais. É a maior riqueza também: esse exercício importantíssimo de sair de si e olhar verdadeiramente o outro é o que nos capacita para o convívio democrático, para a vida em sociedade.

É sabido que a escola é lugar de garantia de igualdade de direitos. E cada vez mais, a partir sobretudo dos primeiros anos do século xxi, a escola tem sido vista como o principal lócus de convivência com o diferente, para muito além de mero espaço de transmissão de conhecimentos formais. Fruto desse movimento e a favor dele, o discurso em torno da importância da diversidade na escola tem se fortalecido, no sentido de pensar esforços para que a instituição não apenas viva a diversidade, uma vez que é lugar de coletividades, mas se aproprie dela. Para tanto, há que considerá-la em seu projeto pedagógico e político, portanto, em seu DNA, por assim dizer, assumindo o compromisso de se transformar em lugar de experiência concreta de convívio com a diversidade e de aprendizagem por meio dela.

Entre a igualdade de direitos e a garantia de acolhimento e valorização do diverso: é aí que a escola se instala e ajuda a construir uma sociedade mais justa e democrática. Mas como praticar o equilíbrio entre a igualdade e a diferença no contexto escolar? Pergunta que os autores se fazem e procuram ajudar os leitores a responderem, por meio do desenvolvimento de uma proposta pedagógica que amplie as oportunidades educacionais dos estudantes, a partir de experiências que "efetivem mudanças no ensino-aprendizagem e nas relações sociais que envolvem a comunidade escolar".

E que proposta seria essa? Tomando como base a gestão democrática da escola e a importância dessa instituição se constituir de forma porosa à comunidade em que se insere, os autores, inspirados pela pedagogia de projetos, oferecem aos educadores e educadoras ferramentas e reflexões fundamentais para a construção de projetos interculturais na escola, procurando inserir toda a comunidade educacional, ouvindo diferentes vozes e incluindo experiências diversas no fazer pedagógico. Bastante ancorados na prática, os autores abarcam desde a constituição desse tipo de proposta até os desafios e obstáculos que normalmente se colocam diante de nossas práticas.

Assumindo o lugar de interlocutores daqueles que estão no chão da escola, como se diz, os autores têm larga experiência com a interculturalidade e a inclusão. Abdeljalil Akkari é doutor em Ciências da Educação pela Universidade de Genebra, na Suíça, onde atua como professor e realiza estudos sobre políticas e desigualdades educacionais, educação comparada e interculturalidade na educação, e Mylene Santiago é professora na Universidade Federal de Juiz de Fora (UFJF) e doutora em Educação pela Universidade Federal do Rio de Janeiro (UFRJ); foi coordenadora do Núcleo de Apoio à Inclusão e é a atual coordenadora de Licenciaturas da UFJF.

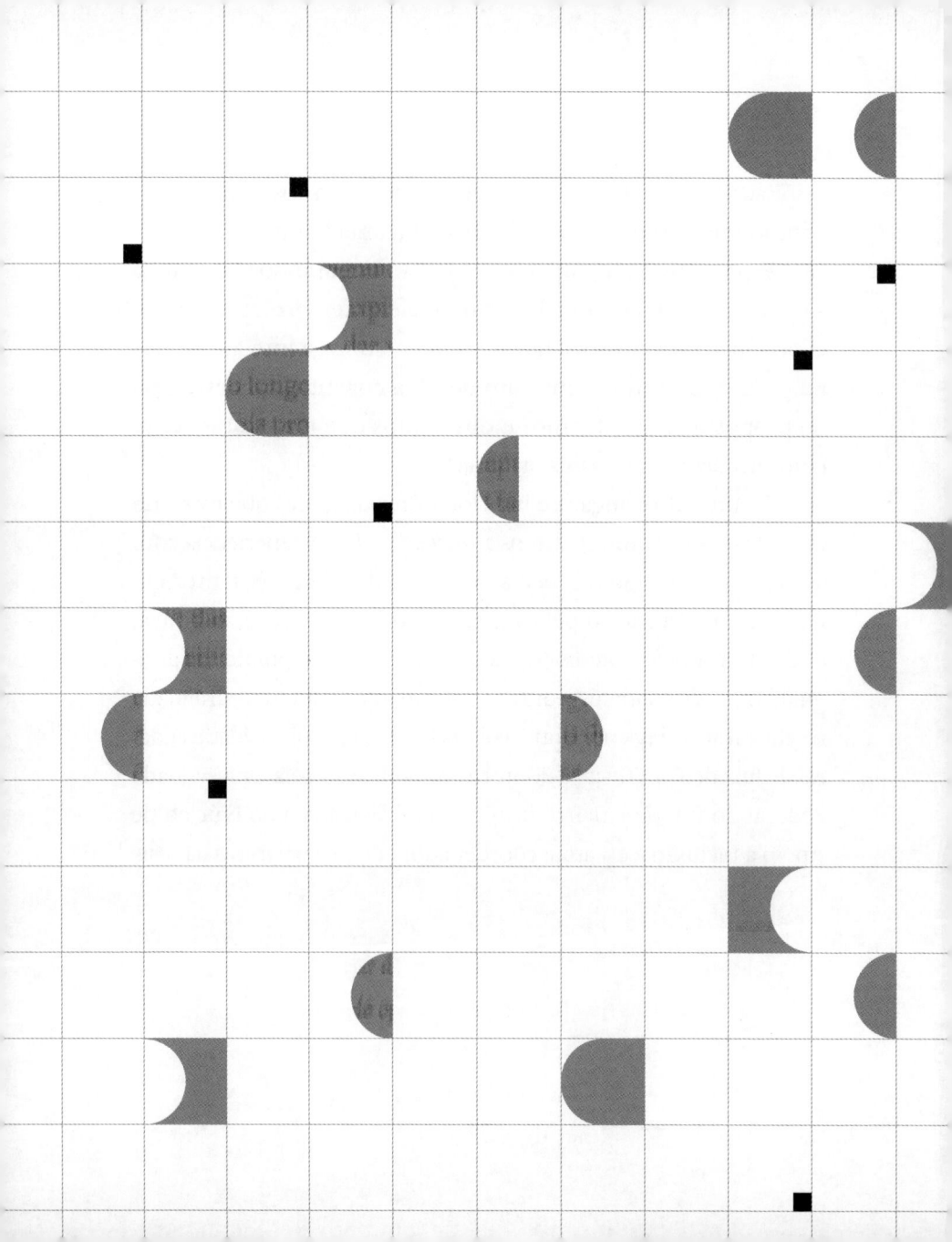

Introdução
Reflexão e ação no coletivo

Historicamente a escola tem se mostrado um espaço social privilegiado na afirmação, classificação e hierarquização de diferenças, conforme critérios previamente estabelecidos e politicamente legitimados pelas relações de poder que regem a sociedade. Em nossos estudos, identificamos a importância de produzir um equilíbrio relacional entre os conceitos de igualdade e diferença no contexto escolar como um caminho para o reconhecimento da diversidade e, simultaneamente, para a garantia de igualdade de direitos. Mas como praticar o equilíbrio entre igualdade e diferença no contexto escolar? Essa é uma pergunta basilar para educadoras/educadores comprometidas/os com uma proposta pedagógica que busque ampliar oportunidades educacionais e produzir experiências que efetivem mudanças no ensino-aprendizagem e nas relações sociais que envolvem a comunidade escolar. Nesse sentido, este livro oferece reflexões sobre como construir um projeto educacional intercultural na escola, do planejamento à ação, para professores e gestores escolares que visem à inclusão na educação.

O Capítulo 1 apresenta o projeto intercultural e suas bases conceituais a partir do questionamento de para que servem e a quem se destinam projetos dessa natureza. Conhecer as barreiras enfrentadas pela escola, identificando a diversidade existente nos espaços educacionais e sociais, é um princípio básico para se pensar um projeto com potencial transformador e emancipador. Nesse capítulo, são elencados valores de referência para a construção de um projeto intercultural partindo de princípios existentes ou que precisam ser construídos nos contextos locais.

O Capítulo 2 propõe uma aproximação entre o conceito de interculturalidade e o processo de inclusão na educação. Essa reflexão foi feita a partir do diagnóstico das barreiras institucionais para, assim, criar ações que ampliem a participação da comunidade e o apoio à diversidade local. O projeto político-pedagógico é tomado como elemento de relevância para se planejar mudanças que possibilitem novos saberes-fazeres envolvendo um olhar democrático e inclusivo para o currículo e o processo de ensino--aprendizagem. Esses novos saberes-fazeres podem conduzir a uma transformação importante na prática pedagógica, que não é mais vista como um processo essencialmente individual e autônomo, mas enriquecida por uma dimensão coletiva e inter-relacional de ensino-aprendizagem. É essa dimensão coletiva que justifica o enfoque deste livro no trabalho com *projetos*.

O Capítulo 3 aborda, de maneira propositiva, as condições favoráveis para iniciar um projeto educacional. Apresentamos possibilidades para o processo de escrita do projeto, sugerindo um possível ciclo com ideias e critérios para a seleção de objetivos concretos. Nesse item, chamamos especial atenção para a cultura discente como referencial na definição do tema dos projetos interculturais.

O Capítulo 4 detalha os estágios constitutivos de um projeto, focando na implementação, concretização e vivência de situações relacionais de escuta e aprendizagem. Implementar é o movimento de colocar a ideia em ação e converter a teoria em prática. Realizar é concretizar um desejo, uma aspiração. Já vivenciar é um dos maiores objetivos da escola em relação ao processo formativo dos estudantes – a escola precisa ser lugar de vida e de ação.

O Capítulo 5 aborda a avaliação como instrumento essencial para a revisão das ações educacionais, tanto do processo de ensino-aprendizagem quanto do projeto em execução. A avaliação, nessa perspectiva, assume o caráter de ferramenta de análise que possibilita corrigir a rota caso os caminhos projetados inicialmente não atendam aos objetivos. Abordamos, ainda, a importância da divulgação das experiências vivenciadas no projeto intercultural como modo de criar laços entre os participantes e fortalecer a identidade institucional, bem como motivar outros grupos a ações que partam da necessidade de transformação social.

No Capítulo 6, discute-se o caráter cíclico da perspectiva de projetos, um trabalho que não é um fim em si mesmo, mas que busca renovar as práticas pedagógicas trazendo as vivências coletivas para os espaços educacionais. Nesse sentido, um projeto nunca termina, mas se desdobra em outras ações.

Este livro destina-se, portanto, tanto à reflexão quanto à ação coletiva. Nossa intenção é propor e instigar o desenvolvimento de projetos interculturais como ferramenta prática no processo de transformação dos espaços escolares e das práticas pedagógicas. Tais mudanças dependem, também, da participação dos membros da comunidade escolar. Ao considerar que a participação é um dos princípios básicos de um projeto intercultural, nossa proposta é trazer reflexões e encaminhamentos que possam ser experimentados de maneira singular a depender do contexto do espaço, dos sujeitos, da comunidade e do cotidiano educacional.

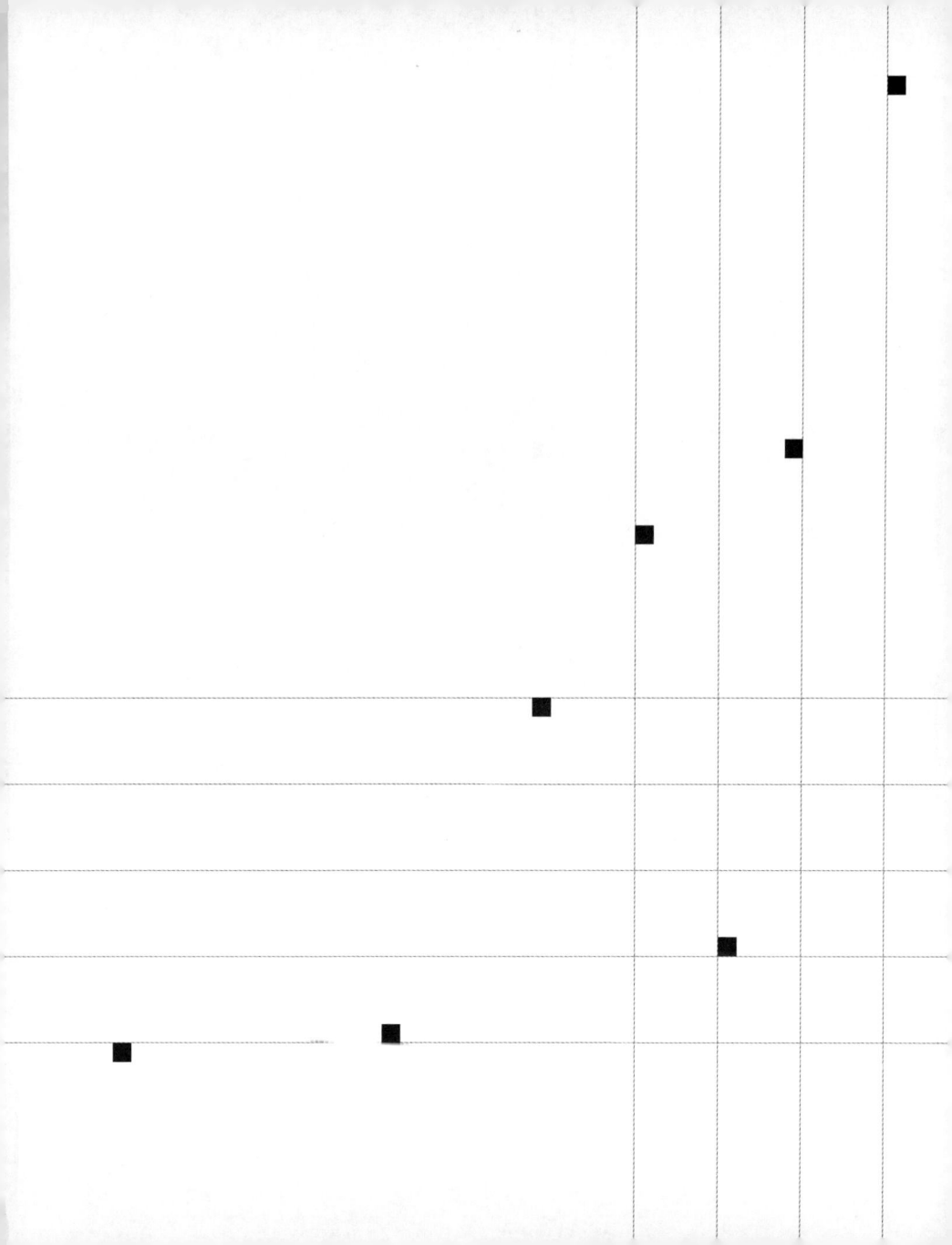

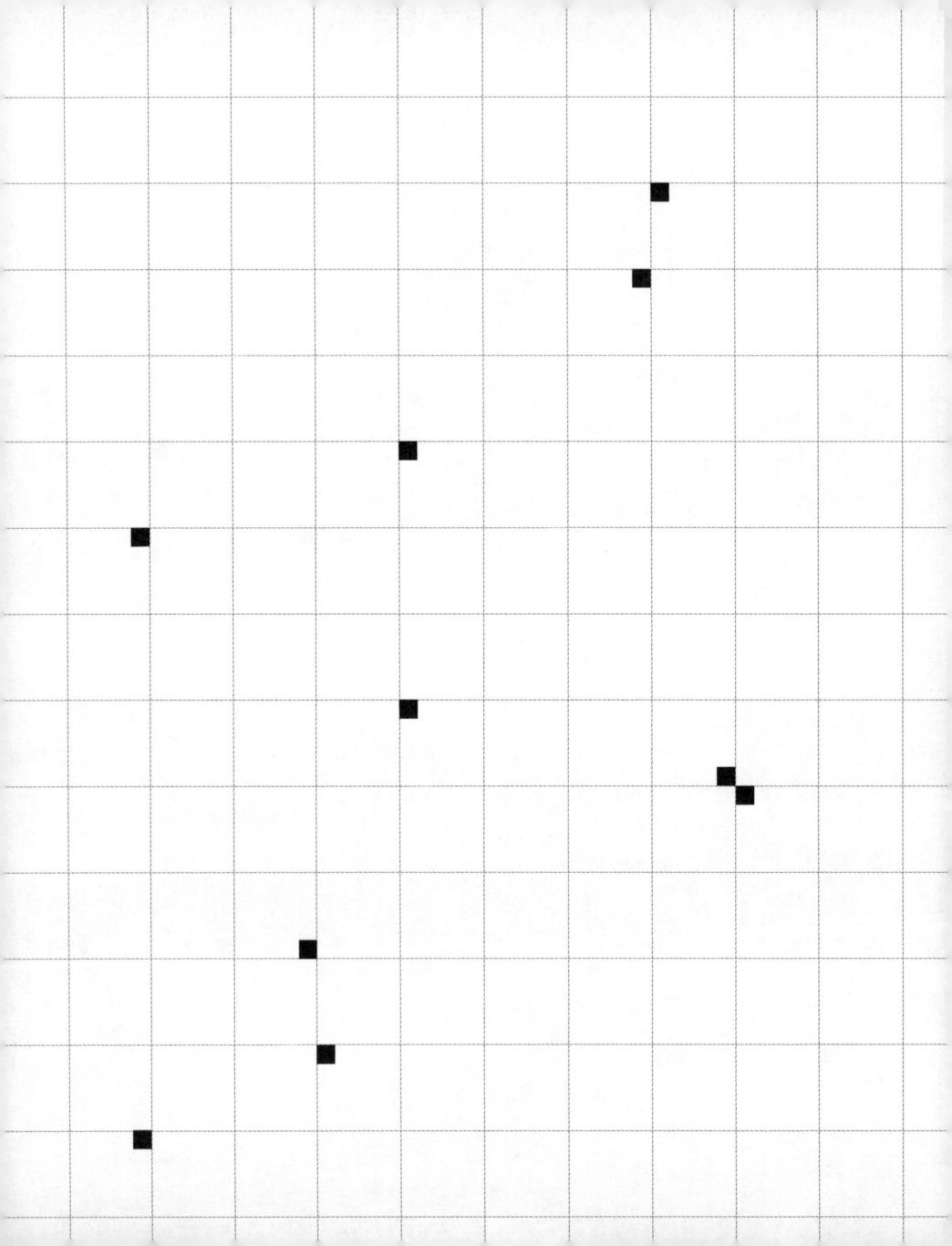

1 Projetos interculturais

Introdução

Iniciamos as discussões que envolvem a construção de um projeto intercultural na escola considerando que, em nosso entendimento, a adoção de uma perspectiva intercultural pode repercutir no cotidiano das instituições educacionais, favorecendo o diálogo entre as diferenças e problematizando discursos que essencializam as identidades. Desse modo, enfatizamos a importância da formação de profissionais da educação orientados interculturalmente e conscientes da necessidade de promover um ensino culturalmente sensível, que considere as perspectivas dos alunos provenientes de diversos grupos culturais e com identidades múltiplas de gênero, raça, classe, padrões linguísticos, crenças, religiões, modo de ser e de estar no mundo, entre outras possibilidades.

Acreditamos que a proposição de projetos interculturais, além de promover mudanças necessárias nas culturas, políticas e práticas educacionais, é um importante recurso para a formação continuada de professoras/es e da comunidade escolar como um todo. Mas como podemos definir um projeto educacional intercultural?

A) É um **projeto educacional**, pois busca ampliar a participação e a aprendizagem de todos os estudantes.

B) É um **projeto político** na medida em que dialoga com as diferenças e a diversidade, desenvolvendo valores voltados à construção e à prática da cidadania e da democracia.

C) É um **projeto de inclusão** para espaços formais e não formais de educação, já que se baseia na escuta e na validação das vozes e visões dos diversos membros da comunidade escolar.

Pensar um projeto educacional intercultural nas instituições escolares envolve estabelecer princípios e valores específicos a uma determinada comunidade educativa, com base em suas necessidades, interesses e, sobretudo, em sua participação ativa. Para isso, a construção de um projeto intercultural necessita de uma sondagem inicial visando à identificação de barreiras, à participação e à aprendizagem de todos os estudantes e educadores, isto é, da comunidade escolar como um todo. O diálogo é, pois, a base para a construção de um projeto intercultural, já que a mobilização e o engajamento da comunidade podem viabilizar sua continuidade para além de ações pontuais. Para iniciar um projeto intercultural é recomendável:

1. Perguntar por que e para que da execução do projeto.
2. Aprofundar percepções individuais com uma sessão de debate de ideias.
3. Desvendar e classificar objetivos e metas.
4. Testar a ideia.
5. Estabelecer por escrito uma primeira descrição resumida do projeto.
6. Nomear o projeto, como um ato de nascimento.

Como um processo que envolve a coletividade e também o conhecimento de temas urgentes para a comunidade local, o projeto educacional intercultural se consolida como uma proposta cidadã e inclusiva, já que considera as diferenças, os conflitos e as tensões como elementos que impulsionam a tomada de consciência sobre os processos de exclusão na comunidade escolar.

Dessa forma, um projeto intercultural almeja a aprendizagem de toda essa comunidade por meio de decisões coletivas que visem à superação das exclusões.

Não existe uma receita prévia ou universal para construir um projeto educacional intercultural na escola, pois, em cada contexto, vários cenários podem surgir. Um projeto intercultural geralmente parte da observação de que a presença de determinadas características da diversidade cultural de alunos, professores ou funcionários da comunidade educacional é meramente aceita ou tolerada, quando não é alvo de exclusão ou violência, mas raramente considerada como um fator que propicie uma mudança estrutural. Portanto, um projeto intercultural parte de uma observação inicial que indica quais grupos ou pessoas sofrem barreiras de exclusão para, então, viabilizar meios e recursos com o objetivo de integrar essa diversidade nos processos educacionais.

O ponto de partida de um projeto intercultural é a necessidade imperativa de inclusão da diversidade. Essa inclusão pode partir de exigências curriculares da Lei nº 9.394/1996, Lei de Diretrizes e Bases (LDB), sobre a diversidade étnica e cultural brasileira nas propostas escolares, ou então, pelo contrário, partir justamente da inexistência de discussão da multiplicidade cultural no conteúdo programático já existente, ou mesmo da ausência de alunos e educadores pertencentes a determinada etnia ou grupo cultural. Não ter, por exemplo, um professor ou professora negra no quadro de educadores, em um país no qual 50% da população se autoidentifica como negro, é um apontamento forte de uma situação desigual, e aí temos a necessidade da implementação de um projeto.

Para além dessas situações disparadoras que envolvem o contexto curricular e social da escola, um projeto intercultural pode ser iniciado a partir de uma situação específica de silenciamento, violência ou falta de acesso. Isto é, quando há uma barreira para que determinado membro do grupo interaja da mesma forma com o espaço, com o conteúdo e com as demais pessoas do ambiente. Para dar conta de um projeto que ouse fazer frente a violências e exclusões sistêmicas é preciso o envolvimento de vários participantes: a gestão escolar, o corpo docente, os estudantes, outros profissionais da escola e a comunidade em geral. Independentemente de quem tenha concebido a proposta inicial, é importante que haja participação dos diferentes segmentos da comunidade escolar para que os objetivos de inclusão e efetivação de direitos sejam definidos, alcançados e avaliados coletivamente.

Outra importante possibilidade a ser explorada é a escola propor projetos em parcerias com outras instituições, por exemplo, universidades, organizações da sociedade civil, movimentos sociais, fundações e secretarias de educação que podem auxiliar no desenvolvimento de propostas que beneficiem a comunidade e favoreçam a construção de novas experiências, processos formativos e saberes que colaborem com a necessidade de efetivar o direito à inclusão de todas as existências e culturas na comunidade escolar.

Interculturalidade e projetos

No campo da educação, a interculturalidade é entendida como um projeto de sociedade em construção no qual as pessoas se reconhecem mutuamente como seres sociais e culturais e estabelecem um diálogo que valorize as diferenças e especificidades, reconheçam conflitos e nutram-se de perspectivas interdisciplinares para a compreensão e integração do fenômeno da diversidade cultural.[1] Por isso, para além dos projetos didáticos específicos

---

[1] FUNGULANE, P.; GUNZA, H.; CHICO, H. *Ensino da cidadania e interculturalidade lusófona nas escolas públicas do Maciço de Baturité*, 2017.

realizados nas escolas, mas também com o objetivo de contribuir globalmente com as aprendizagens na comunidade escolar como um todo, elencamos os princípios de um projeto intercultural:
- reconhecimento de cidadania e do direito à participação;
- reconhecimento do direito de exercer a identidade original dos povos;
- rejeição das formas de imposição da cultura hegemônica e marginalização das culturas tidas como minoritárias;
- compreensão das culturas como fenômenos dinâmicos em transformação contínua;
- comunicação horizontal;
- consciência de que os saberes estão em constante construção.

Entendemos que a construção de um projeto ancorado em uma perspectiva intercultural é, antes de tudo, uma proposta elaborada a partir de múltiplas vozes e olhares. O contexto intercultural emerge quando um problema pode ser pensado e debatido por diferentes participantes e criam-se condições para que todos possam contribuir com a coletividade a partir de suas diferentes visões de mundo e bagagens culturais. Dessa maneira, um projeto elaborado tendo a diversidade de vozes em sua constituição tem maiores chances de ser assumido pela comunidade, garantindo, assim, continuidade, desdobramentos e transformações nas práticas escolares. Um projeto intercultural assim construído tem forte potencial para criar uma dinâmica de mudança em uma comunidade educacional, indicando sua disposição em fazer da diversidade cultural um fator de afirmação de múltiplas aprendizagens, da construção de cidadania e da afirmação da democracia.

Sendo a escola um espaço de negociação, tensão e criatividade, um projeto intercultural é fundamental nas instituições escolares, já que permite o exercício do debate e a construção do futuro desejado pela comunidade. Toda coletividade exige a invenção e a criação de soluções para as crises. A própria vida humana é um projeto em constante renovação. De forma similar, a vida no interior de uma escola precisa de projetos coletivos para se renovar, para se reinventar. E essa reinvenção se filia, na história da Pedagogia, ao movimento Escola Nova, iniciado na primeira metade do século xx. Inspirados por Jean Jacques Rousseau, Johann Heinrich Pestalozzi, Friedrich Fröbel e John Dewey, os estudos sobre a Pedagogia de Projetos assumem notória repercussão em nosso país. O método da Pedagogia de Projetos propõe que os saberes escolares sejam integrados aos saberes socioculturais para que os conteúdos tenham sentido na vida prática dos estudantes. Assim, o trabalho educativo passa a ter significado para o estudante, auxiliando-o a resolver os problemas que surgem na vida cotidiana. Para Hernández, o trabalho com projetos propõe:

> Revisar a organização do currículo por disciplinas e a maneira de situá-lo no tempo e nos espaços escolares, o que torna necessária a proposta de um currículo que não seja uma representação do conhecimento fragmentado, distanciado dos problemas que os alunos vivem e necessitam responder em suas vidas, mas, sim, solução de continuidade. Levar em conta o que acontece fora da escola, nas transformações sociais e nos saberes, a enorme produção de informação que caracteriza a sociedade atual, e aprender a dialogar de uma maneira crítica com todos esses fenômenos.[2]

Se considerarmos a Pedagogia de Projetos como forma de ensino-aprendizagem que permite a compreensão dos problemas cotidianos, relacionando-os aos conteúdos escolares, podemos

---

2 HERNÁNDEZ, F. *Transgressão e mudança na educação:* os projetos de trabalho, 1998, p. 61.

inferir que essa proposta favorece o desenvolvimento da capacidade de exteriorizar dúvidas, contextualizar conhecimentos e compreender a realidade social, pois, como esclarece Dewey, educação é vida.

A noção de cultura

Para compreender e colocar em prática a perspectiva de trabalho com projetos interculturais, além do conceito de projeto, precisamos também definir as bases nas quais consideramos a noção de cultura. Em sua dimensão antropológica, a cultura é considerada um conjunto de traços espirituais, materiais, intelectuais e emocionais que caracterizam um grupo social ou uma sociedade. A cultura é um atributo distintivo e universal da condição humana, pois mobiliza nossos valores mais profundos e também nossas crenças, inspira o significado dado ao amor, ao trabalho, à vida, à morte, enfim, à forma como nos relacionamos com os outros. Na tentativa de definir o que é cultura, Leonardo Marcondes Alves aponta alguns aspectos essenciais que nos possibilitam ampliar sua compreensão conceitual:

- Cultura é aprendida. Não é biologicamente herdada ou inata, antes requer enculturação.
- Cultura é compartilhada. Vemos o mundo com as mesmas lentes e nele agimos com as mesmas atitudes. A cultura é mais onipresente que o ar.
- Cultura é simbólica. Lembre-se de que símbolo representa outra coisa e seus significados são arbitrários. O significado vem com seu uso em contexto na comunidade que lhe atribui sentido.
- Cultura é integrada. As várias partes de uma cultura são interligadas e indivisíveis. A religião, a economia, a linguagem não existem independentes entre si, mas se ligam como fenômenos culturais.
- Cultura é dinâmica. Sendo interligada e comunicando com símbolos, a cultura recebe influências constantes da própria cultura, das pessoas e da natureza.[3]

Outro fato que merece nossa atenção é a centralidade da cultura nos diferentes aspectos da vida social. Para o sociólogo Stuart Hall,

---

3 ALVES, L. O que é cultura? Antropologicamente falando. *Ensaios e Notas*, 2014, n.p.

[...] os seres humanos são seres interpretativos, instituidores de sentido. A ação social é significativa tanto para aqueles que a praticam quanto para os que a observam: não em si mesma, mas em razão dos muitos e variados sistemas de significado que os seres humanos utilizam para definir o que significam as coisas e para codificar, organizar e regular sua conduta uns em relação aos outros. Estes sistemas ou códigos de significado dão sentido às nossas ações. Eles nos permitem interpretar significativamente as ações alheias. Tomados em seu conjunto, eles constituem nossas "culturas". Contribuem para assegurar que toda ação social é "cultural", que todas as práticas sociais expressam ou comunicam um significado e, neste sentido, são práticas de significação.[4]

Partindo dessas noções amplas de cultura, que consideram a diversidade humana, podemos avançar para o conceito de culturas em seu aspecto plural, a fim de superar visões que podem confundir a diferença com inferiorização ou superioridade, incorrendo no equívoco de concepções e práticas etnocêntricas, que

---

4 HALL, S. A centralidade da cultura: notas sobre as revoluções culturais do nosso tempo. *Educação & Realidade*, v. 22, n. 2, 2017, p. 16.

atribuem valores ou consideram determinado grupo cultural como mais avançado ou mais civilizado que outros.

Do mesmo modo, considerar a pluralidade das culturas é também evitar a armadilha da essencialização das diferenças, ainda observada em muitos projetos escolares que almejam a interculturalidade. Não é incomum encontrarmos, ainda hoje, desenhos, histórias, danças e músicas estereotipadas para "brincar de índio" no dia 19 de abril, por exemplo. Mas quantos coordenadores, professores e alunos se interessam verdadeiramente e pesquisam sobre a diversidade dos povos originários do Brasil, suas línguas, seus artefatos, práticas e saberes integrados à natureza, à floresta e ao território brasileiro? As culturas são vividas e praticadas em contextos reais e uma posição não essencialista em relação às diversas práticas humanas considera suas diferentes realidades, suas singularidades e também suas transformações.

Considerando que um projeto educacional intercultural emerge da necessidade de integrar a diversidade de culturas constitutiva de um determinado contexto escolar, os diferentes participantes do projeto necessitam mobilizar recursos e se disponibilizar às mudanças identificadas como necessárias. Tais mudanças podem trazer implicações na estrutura cultural, política, nas práticas sociais e pedagógicas de cada instituição e de sua comunidade. Tanto a negação como a marcação das diferenças podem trazer equívocos em um projeto intercultural.

Nesse sentido, as grandes questões que nos colocamos ao propor um projeto intercultural são:

1) Conhecer as identidades e as diferenças entre os membros da comunidade escolar.
2) Identificar possíveis barreiras que surgem a partir das diferenças existentes.
3) Criar estratégias para superar as tensões identificadas.
4) Possibilitar que os diferentes grupos tenham representatividade e apresentem seus saberes, experiências e práticas à comunidade como forma de superar preconceitos e discriminações.
5) Pensar em ações e estratégias que possam ampliar a participação e minimizar os problemas de exclusão enfrentados por determinados grupos.
6) Acionar valores a serem incorporados pela comunidade escolar, pautados no direito às diferenças.

Motivos e destinos de um projeto intercultural

Um projeto intercultural é um projeto de emancipação de um grupo em dificuldade, sempre considerando determinado contexto e ancorando sua ação nas reais necessidades expressas pelas pessoas envolvidas.[5] Situações de tensão, discriminação, preconceito, *bullying* e outras formas de violência precisam ser combatidas no cotidiano escolar. O clima institucional é de fundamental importância para a garantia do direito à educação e à participação efetiva dos estudantes. Todos os membros da comunidade escolar precisam ser valorizados para que possam desenvolver o sentimento de pertencimento e se envolver com as questões coletivas. Um projeto intercultural só pode se desenvolver em uma estrutura na qual as identidades culturais sejam reconhecidas, respeitadas e dialoguem entre si.

A escola não pode ser apenas um espaço de transmissão e construção de conteúdos curriculares; é também espaço de encontro com as diferenças, de construção de noções de cidadania,

---

[5] OTT, E. et al. Relevance of Knowledge, Skills and Instructional Methods from the Perspective of Students and Professionals in the Field of Accounting: International Comparative Study, *Annals*, 2011.

valores éticos e conscientização sobre diferentes aspectos da vida social. Dessa forma, a base sobre a qual são alicerçadas as relações no interior do espaço escolar irão influenciar diretamente a formação de cidadãos conscientes de seus direitos e deveres, como também do importante papel social que exercem na sociedade. Não basta conhecer e aprender conteúdos escolares, é fundamental assumir a importância de uma formação pautada em valores como solidariedade, consciência ambiental sustentável, inclusão e direitos humanos, para que possamos avançar em uma sociedade menos desigual, violenta e preconceituosa.

Um projeto intercultural nasce do desejo de uma coletividade em romper barreiras que podem impedir a participação plena de todos os seus membros. Ele pode ter origem na necessidade de enfrentar uma situação de preconceito ou exclusão de determinado grupo ou pode simplesmente nascer da necessidade de oferecer melhores condições de interação no ambiente institucional a indivíduos e coletivos diversos.

A quem se destina? Um projeto intercultural pode melhorar as condições de ser e estar em um grupo para todos. Mesmo que seja inicialmente pensado para lidar com a situação-problema de um determinado grupo, é provável que ao longo de sua execução todos se sintam beneficiados com as propostas e ações executadas coletivamente.

Para quê? Por múltiplas razões: para identificar e eliminar barreiras de acesso; para produzir novos conhecimentos ancorados em diferentes vozes; para implementar ou criar valores, políticas e práticas institucionais ou de coletividades diversas, como educação comunitária, quilombola ou do campo, por exemplo. As razões para elaborar um projeto sempre serão definidas pelo grupo, considerando seus contextos socioculturais.

Como? Os projetos serão diferentes de acordo com as prioridades, os valores e as motivações dos participantes. Portanto, é essencial se perguntar o que se deseja mudar. O desejo de mudança é o principal fator para se realizar um projeto intercultural. Assim, como veremos a seguir, o primeiro passo na elaboração de um projeto intercultural é identificar o que precisa ser superado e o que precisa ser instituído.

Interculturalidade, etnicidade e migração na escola

A identificação das barreiras institucionais a indivíduos ou grupos determinados é uma das chaves para impulsionar a elaboração de um projeto intercultural. Perguntas problematizadoras podem auxiliar no processo de diagnóstico e reflexão sobre o contexto da realidade institucional e/ou dos grupos e comunidades em questão.

Qual é o contexto e a realidade da minha escola? Desigualdades sociais e raciais, processos migratórios, tensões religiosas, problemas de saneamento básico, disparidades no processo de aprendizagem?

Qual barreira nos impede de avançar ou de realizar as intenções desejadas?

Que recursos temos ou precisamos criar para superar essa barreira?

Quais são as diferenças identificadas em nossa comunidade? Em que medida essas diferenças nos unem ou nos distanciam? Como podem ser potencializadas de modo a se transformarem em oportunidades para a realização de uma proposta intercultural?

Essas e outras questões podem servir de ponto de partida para a realização de um diagnóstico institucional ou da realidade de determinado grupo. É importante ressaltar que a realização desse diagnóstico precisa envolver toda a comunidade, já que a contribuição de diferentes pessoas é fundamental na elaboração de um projeto intercultural. Diferentes perspectivas podem trazer informações importantes sobre o que precisa ser modificado no contexto escolar, pois há situações vivenciadas por determinados grupos que são desconhecidas por outros, e um diagnóstico coletivo permite maior entrosamento e conhecimento das diferentes visões em relação à escola.

Uma mesma escola pode proporcionar diferentes sentidos e experiências conforme o papel de cada participante, assim como as experiências de inclusão e exclusão podem também estar associadas às subjetividades de cada indivíduo. Uma análise criteriosa das diferenças e identidades existentes em determinada comunidade é fundamental para identificar as possíveis fontes de trocas, de promoção da diversidade e da igualdade, bem como proteger os grupos minoritários de ações que os marginalizem. São as vozes dos diversos coletivos que indicarão a realidade da escola, oferecendo, assim, possíveis caminhos de intervenção e diálogo para que se crie um ambiente acolhedor.

Um projeto intercultural tem também forte conexão com a ideia de emancipação e de descolonização cultural. Ao longo da construção sócio-histórica da sociedade brasileira, nosso país viveu um processo colonizador que invisibilizou histórias e saberes dos povos nativos e dos africanos que vieram escravizados. As condições de vida de grande parte das populações indígenas e negras brasileiras revelam, ainda hoje, um abismo profundo e enorme desigualdade social. É o que revelam os indicadores sociais brasileiros, cujas estatísticas oficiais demonstram que a origem social, o gênero, a etnia e a região geográfica de proveniência ou residência podem significar menor acesso a serviços essenciais como saúde, educação, trabalho, moradia. Para fazer frente a essa dívida histórica, a Lei nº 10.639/2003 obriga a inclusão, no currículo escolar, de propostas que combatam o racismo e a discriminação.

Um projeto intercultural tem, portanto, o compromisso de enfrentar essas desigualdades e relações de poder no cotidiano escolar. Sabemos que questionar e desenvolver a cidadania é um processo contínuo, que implica a problematização de realidades que excluem e marginalizam determinados grupos sociais. Nesse sentido, a proposta intercultural extrapola a celebração entre as culturas. Em sua dimensão crítica, ela questiona os processos de discriminação e preconceito existentes, promovendo a conscientização e resgatando saberes e fazeres de povos que tiveram suas histórias apagadas e silenciadas. Por causa desse compromisso ético, a construção de um projeto intercultural precisa recusar a aceitação de uma dualidade entre nós e eles, ricos e pobres, negros/indígenas e brancos, homens e mulheres etc. E isso só se faz a partir da identificação das condições históricas que produziram essas dualidades e também do reconhecimento do lugar de fala, da humanidade e da importância das histórias e culturas de todas as pessoas. Assim, todos podem se engajar em projetos por uma escola e uma sociedade mais justas.

Nesse contexto, é importante retomar o conceito de *lugar de fala*, popularizado nos debates sociais brasileiros por diversos ativistas de movimentos sociais. Mas qual o significado dessa expressão? Djamila Ribeiro, filósofa, feminista e escritora negra, em seu livro *Lugar de fala*,[6] apresenta um panorama sobre as vozes que foram historicamente silenciadas. Ao analisar a população brasileira, percebemos que os grupos sociais marginalizados no decorrer da história ainda ocupam poucos espaços políticos. Essa hierarquia social faz com que as produções intelectuais, os saberes e as vozes de determinados grupos sejam inferiorizados, mantendo as condições estruturais de seu silenciamento. Para Ribeiro, "o lugar social não determina uma consciência discursiva sobre esse lugar. Porém, o lugar que ocupamos socialmente nos faz ter experiências distintas e outras perspectivas".[7]

---

6 RIBEIRO, D. *Lugar de fala*, 2019.

7 Ibidem, p. 40.

O conceito do lugar de fala tem como objetivo dar visibilidade a sujeitos cujos pensamentos foram desconsiderados durante muito tempo, o que não significa que quem não faz parte daquele grupo não possa também expressar sua opinião.[8]

Nesse sentido, dar voz aos que foram socialmente marginalizados ao longo da história é crucial para que um projeto educacional seja promotor de mudanças. Em *Pedagogia do oprimido*,[9] Paulo Freire descreve sua concepção de educação "bancária" como a que concebe o educando tal qual uma plataforma vazia, desprovido de voz e que recebe passivamente o que o educador nele deposita. Paulo Freire argumenta ser a cultura do silêncio uma das dimensões da educação "bancária", pois ela ajuda a perpetuar a dicotomia educador-educando, impedindo que ambos os participantes da relação pedagógica possam, em via de mão dupla, aprender e ensinar. Assim, o diálogo é apresentado como uma solução para superar relações autoritárias e verticais no processo educativo. Nas palavras de Paulo Freire:

---

8 PONCHIROLLI, R. *Lugar de fala:* o que esse termo significa?, 2022.

9 FREIRE, P. *Pedagogia do oprimido*, 2018, p. 82.

O educador já não é o que apenas educa, mas o que, enquanto educa, é educado, em diálogo com o educando que, ao ser educado, também educa. Ambos, assim, se tornam sujeitos do processo em que crescem juntos e em que os "argumentos de autoridade" já não valem. Em que, para ser-se, funcionalmente, autoridade, se necessita de estar sendo com as liberdades e não contra elas.[10]

No contexto dos projetos escolares, a interculturalidade pode ser compreendida como o resgate de histórias e culturas que foram distorcidas e silenciadas com o propósito de contar uma *história única*.[11] Conhecer outras histórias, recuperar personagens que lutaram pela liberdade e que resistiram à opressão, descobrir saberes e elementos culturais para além daqueles difundidos pelos grupos dominantes podem ser alguns dos caminhos para traçar novos projetos educacionais e culturais. Em certa medida, um projeto intercultural rompe com dogmas e paradigmas educacionais que nos colocam à mercê de políticas curriculares que aprisionam a diversidade cultural em suas

---

10 IBIDEM, p. 97.

11 ADICHIE, C. O perigo da história única. *Ted Talk*, 2014.

tramas discursivas e relações de poder, definindo a importância de determinados conteúdos e omitindo outros. Nesse sentido, podemos pensar sobre o modo como a história da escravização foi contada no Brasil: durante décadas o ensino da História naturalizou práticas violentas, inventou mitos e omitiu personalidades que simbolizaram movimentos de resistência com o objetivo de apagar e silenciar as diferenças.

Por meio de um projeto intercultural, a escola tem a possibilidade de experimentar um processo transformador e emancipatório que pode libertar educadores e educandos da submissão aos conteúdos, direcionando-os a uma proposta ativa de descoberta e produção de novos saberes, levando em consideração seus significados e sua apropriação.

Ensinar-aprender sempre será um ato político: algumas decisões pedagógicas podem manter determinados grupos em posições inferiorizadas; outras podem mudar essa lógica ao recuperar elementos que foram omitidos, reconhecendo esses grupos como sendo formados por pessoas que combateram e resistiram às injustiças, como pessoas que eram parte de um contexto sócio-histórico opressor e fizeram o possível para seguir vivendo e lutando. Ao admitir outras versões, a história que nos foi contada de forma recorrente pode assumir interpretações até então desconhecidas. Conforme assinala Adichie, um projeto intercultural não admite a existência de uma *história única*; ele trabalha em favor do questionamento das histórias unilaterais sobre pessoas e grupos. Um projeto intercultural valoriza a pluralidade, a diversidade e as diferenças constitutivas da humanidade por meio da multiplicidade de histórias que ajudam a construir um imaginário baseado em diferentes narrativas, experiências e realidades.

Com essa ampliação de saberes, experiências e perspectivas, constrói-se um ambiente escolar mais favorável a mudanças atitudinais em relação às múltiplas visões de mundo, identidades e diferenças. O caráter transgressor de um projeto intercultural está ligado, portanto, à possibilidade de mudanças individuais, coletivas e institucionais.

Invisibilidade cultural: racismo, discriminação e privilégios

A chegada de outras crianças e adolescentes às salas de aula obriga os professores que têm sensibilidade de vê-los a criarem novas autoimagens de sua condição docente. Criam outros sentidos para as salas de aula. Dessas infâncias e adolescências vêm demandas de outros significados para as escolas, para a docência e para o próprio currículo e seus ordenamentos e conhecimentos.[12]

A escola é um importante espaço de encontro e de trocas interculturais. Nela, crianças e adolescentes têm a oportunidade de vivenciar visões de mundo e bagagens culturais diversas. Para isso, no entanto, fazendo face a sua própria constituição como instituição que nasce para educar os filhos de uma única classe social – a burguesia –, a escola precisa considerar as diferenças, promovendo a diversidade e a pluralidade dos muitos grupos que a compõem. Com a universalização da educação, as diferenças culturais tornaram-se constitutivas da escola. Entretanto, ainda existem práticas pedagógicas indiferentes não só à existência das diferenças, como também à sua força e importância pedagógica. Nas palavras de Candau:

> O "daltonismo cultural" tende a não reconhecer as diferenças étnicas, de gênero e sexualidade de diversas origens regionais e comunitárias, ou a não colocá-las em evidência na sala de aula

---

[12] ARROYO, M. *Currículo:* território em disputa, 2011.

por diferentes razões, tais como a dificuldade e falta de preparação para lidar com essas questões, o considerar que a maneira mais adequada de agir é centrar-se no grupo "padrão", ou, em outros casos, quando se convive com a multiculturalidade quotidianamente em diversos âmbitos, tender a naturalizá-la, o que leva a silenciá-la e não considerá-la um desafio para a prática educativa. Trata-se de um "dado" que não incide na dinâmica promovida pela escola.[13]

A invisibilização da diversidade cultural e a distorção de sua importância pedagógica e social são algumas das possíveis causas da resistência de determinadas instituições de ensino em promover projetos interculturais. Outro fator impeditivo são as violências já estruturais no Brasil, como o racismo e a misoginia, que impedem que medidas inclusivas sejam implementadas. É preciso admitir, portanto, que essas recusas contribuem para perpetuar situações de injustiça e violência social. Em uma pesquisa realizada em 2014, constatamos que a diversidade cultural dos professores e estudantes merece centralidade nos aspectos formativos,

---

13 CANDAU, V. M. F. Cotidiano escolar e práticas interculturais. *Cadernos de Pesquisa*, 2016, p. 816.

políticos, sociais e identitários da escola, pois a integração dessas dimensões traz repercussões significativas nas práticas pedagógicas. A subjetividade e a trajetória de cada professor/a, conforme suas singularidades e diferenças culturais, podem contribuir para as urgentes mudanças no sistema educacional brasileiro no que diz respeito à superação de desigualdades raciais, por exemplo. Todavia, apontamos que as mudanças necessárias para a construção de uma educação mais inclusiva e igualitária nos espaços escolares e sociais não podem ser uma tarefa exclusiva do campo da educação, mas implicam mudanças estruturais nos diversos setores da sociedade brasileira.[14]

Nesse sentido, os pesquisadores Scheurich e Young observam que no senso comum o racismo é muitas vezes relegado a atos *individuais de maldade*.[15] Os autores argumentam, no entanto, que o racismo não pode ser reduzido a formas de preconceito e discriminação promovidas por apenas uma pessoa que, por suas características ou condições, se sente superior a outras. Em vez

---

14 SANTIAGO, M.; AKKARI, A. Políticas curriculares, trajetórias docentes e ensino culturalmente apropriado. *Revista da ABPN*, 2014.

15 SCHEURICH, J.; YOUNG, M. Coloring epistemologies: are our research epistemologies racially biased? *Educational Researcher*, 1997.

disso, consideram que o racismo subjaz a muitos aspectos institucionais, societários e mundiais. Eles identificam, dessa maneira, cinco categorias de racismo:

1. Racismo aberto e oculto
2. Racismo institucional
3. Racismo social
4. Racismo civilizacional
5. Racismo como violência simbólica

O racismo aberto é um ato intencional e deliberado para infligir dor apenas com base na raça. O racismo oculto não tem a mesma intencionalidade do racismo aberto, mas promove consequências semelhantes. Ocorre em forma de racismo velado, por exemplo, quando uma criança negra se matricula em uma nova escola e assume-se, com base na cor e talvez na classe social, que essa criança necessite de um curso para nivelamento pedagógico.

O racismo institucional refere-se ao estabelecimento de políticas e práticas em instituições públicas e privadas que promovem a exclusão e a desigualdade de certos grupos raciais. Trata-se de um reflexo do racismo estrutural, com práticas e normas discriminatórias nesses espaços, que podem ser exemplificadas como barreiras para a entrada de pessoas negras em vagas de empresas, principalmente em altos cargos (e também em relação a oportunidades e salários quando estão dentro desses ambientes), acesso a serviços de educação e saúde, participação na política, entre outras situações.

O racismo social é a discriminação baseada no conceito de que existem diferentes raças humanas e que uma é superior às outras. Essa noção tem base em diferentes motivações, em especial, nas características físicas e em outros traços do comportamento humano. Consiste em uma atitude depreciativa e discriminatória não baseada em critérios científicos em relação a algum grupo social. O preconceito racial está relacionado de forma interseccional a outras formas de preconceitos como homofobia, xenofobia, capacitismo etc.

O racismo civilizacional funciona como uma construção profundamente enraizada no pensamento social, negando a existência ou a importância de cosmovisões diversas na sociedade. De acordo com a pesquisadora Juliana Borges, a "fundação" de nosso país acontece tendo a escravidão baseada na hierarquização racial como pilar. Em suas palavras:

O racismo é uma das ideologias fundadoras da sociedade brasileira, assim como a violência. Um exemplo objetivo sobre isso é que diversos manuais e livros de história apontam que, no início da invasão portuguesa, estimava-se uma população de indígenas em torno de 2 milhões de pessoas nestas terras. Em 1819, a estimativa cai para cerca de 800.000 indígenas. O tráfico de africanos sequestrados teve início em 1549. Estima-se que, até a proibição do tráfico transatlântico, cerca de 5 milhões de africanos foram sequestrados e escravizados no Brasil. Algo tão fundamental no processo de formação do país não some em um estalar de olhos pela simples destituição da monarquia, estabelecimento do republicanismo e por pretensões modernizantes.[16]

O racismo como violência simbólica indica que seu alcance ultrapassa a existência de agressões físicas ou verbais; é uma forma de exclusão construída simbólica e silenciosamente nas práticas sociais cotidianas. No contexto nacional, o *mito da democracia racial*[17]

---

16 BORGES. J. A ideologia racista como mito fundante da sociedade brasileira. *Blog da Boitempo*, 8 de agosto de 2017, n.p.

17 DOMINGUES, P. O mito da democracia racial e a mestiçagem no Brasil (1889-1930). *Revista Diálogos Latino-americanos*, 2005.

acarretou um silenciamento das escolas sobre as dinâmicas das relações raciais, permitindo a naturalização de práticas prejudiciais à população negra e indígena, como a ausência de problematizações, por parte dos profissionais da educação, no que tange a conteúdos curriculares com ilustrações racistas, folclorização de datas comemorativas, além da ausência de providências diante de situações de preconceito e discriminação vivenciadas no cotidiano escolar.

A existência de privilégios de raça e classe sustenta a manutenção do racismo, já que concede a pessoas brancas um conjunto de benefícios e recompensas sistêmicas impedindo, ao mesmo tempo, que negros e indígenas saiam das posições subalternizadas a que foram historicamente relegados. O discurso da meritocracia, que por sua vez relaciona diretamente mérito e esforço pessoal, é uma forma de apagamento das práticas racistas por meio da culpabilização daqueles que não alcançam o sucesso, como se fosse apenas uma questão de esforço e trabalho, o que enfraquece a luta por existência e resistência das populações pobres, negras e indígenas.

Uma forma de sensibilizar grupos interculturais sobre o papel dos privilégios é propor uma vivência baseada em exercícios de empatia muito realizados em cursos sobre diversidade nos

Estados Unidos. A caminhada do privilégio, adaptada ao contexto brasileiro por Alex Castro,[18] torna mais visível e concreta a distribuição desigual de privilégios em nossa sociedade. O exercício começa com um grupo de pessoas que se colocam lado a lado e, dependendo da resposta que dão sobre os privilégios a que tiveram acesso, as pessoas privilegiadas dão passos à frente e as demais atrás. O distanciamento físico entre participantes que começaram o exercício alinhados evidencia que, na verdade, há diferentes pontos de partida que, quando desconsiderados, produzem desigualdade, segregação e exclusão social.

Os valores de um projeto intercultural

Investir em um projeto intercultural implica colocar valores em ação com o propósito de aumentar a participação de todos no processo de ensino-aprendizagem e nas relações, conectando o processo educativo ao desenvolvimento de comunidades e ambientes, em nível local e global. Um projeto intercultural envolve o processo de inclusão a partir de iniciativas compartilhadas que

---

18 CASTRO, A. Caminhada do privilégio. *Portal Geledés*, 2016.

resultam na reflexão de todos os participantes sobre o enfrentamento das barreiras que nós e outros tenhamos criado e continuamos a criar.[19]

Culturas como força motriz

Quer as pessoas percebam ou não, somos todos seres culturais! Como expressão de construções humanas, a cultura pode ser conceituada de diferentes maneiras. A cultura de um grupo é construída por meio do diálogo cotidiano e gradativo entre as pessoas por símbolos, linguagens e significados cujos sentidos são compartilhados em um ciclo contínuo de interação social. A construção de uma cultura está repleta de elementos que identificam um grupo como pertencente a uma determinada comunidade, região, etnia, idade, origem, religião etc, diferenciando-o de outras comunidades com culturas distintas.[20] Cada sujeito, coletividade ou instituição tem, assim, uma cultura específica construída a partir de contextos, historicidades, práticas e cosmovisões

---

19 BOOTH, T.; AINSCOW, M. *Index para a inclusão:* desenvolvendo a aprendizagem e a participação na escola, 2011.

20 ARIAS, P. *La cultura:* estrategias conceptuales para comprender la identidad, la diversidad, la alteridad y la diferencia, 2002.

próprias. Portanto, sendo a diversidade de identificações culturais um elemento-chave na proposição de projetos interculturais, precisamos considerá-las sempre no plural, valorizando aspectos únicos de cada expressão cultural.

Em caráter individual, cada pessoa tem suas vivências, bagagens culturais e identidades assumidas, assimiladas ou construídas que influenciarão e serão influenciadas em suas relações sociais e institucionais. As coletividades, por sua vez, são agrupamentos de indivíduos que possuem identidade, objetivos, aspirações e desejos em comum. Pessoas unidas por determinado contexto produzem culturas com valores, crenças e conceitos específicos.

Assim, a cultura institucional pode ser considerada como resultado das relações entre indivíduos e coletividades que têm missões, funções ou objetivos em comum. No caso de uma instituição educativa, cabe sempre indagar: quais culturas precisam ser acolhidas pela comunidade? Que valores precisam ser assumidos para ampliar a participação e a aprendizagem de todos? Como valorizar e compreender as identidades e diferenças como elementos indispensáveis para a construção de uma cultura institucional? Como identificar barreiras e violências? E como promover currículos culturalmente contextualizados?

As diferenças culturais são bem-vindas e são elementos essenciais na construção de um projeto intercultural. Reforçamos que para a cultura desempenhar o papel de força motriz de um projeto intercultural é necessário compreendê-la de forma dinâmica e não essencialista. Em nosso entendimento, a dinâmica cultural está diretamente relacionada à diversidade cultural existente em nossa sociedade. Assumindo que a identidade de um sujeito se constitui a partir da diferença de outros, as posições identitárias são, portanto, compreendidas como plurais e relacionais.

No Brasil, por exemplo, há uma pluralidade cultural em torno de questões étnico-raciais, regionais, sociais, religiosas e outras. Por isso é tão importante uma definição dinâmica de cultura que favoreça o reconhecimento de diferentes pertencimentos identitários que podem se manifestar singularmente de acordo com as circunstâncias e dinâmicas de cada contexto. De outro modo, com uma definição estática do que é cultura, apagaríamos as nuances culturais tão ricas que existem na população brasileira.

Compreender o mosaico cultural que compõe a unidade escolar pode ser uma oportunidade enriquecedora para a aquisição de novos conhecimentos, a superação de preconceitos e a construção de novas formas de interação entre os diferentes pertencimentos culturais. Investir em um projeto intercultural significa, assim, ampliar e ressignificar as dimensões culturais do interior da escola para fora.

Mas o que significa afirmar que o ensino culturalmente contextualizado resulta em maior participação e aprendizagem para todos? Inicialmente, é preciso compreender que a consideração das interações entre diferentes culturas no processo de ensino-aprendizagem tem como pilar o empoderamento intelectual, social, emocional e político dos estudantes, fortalecendo suas referências culturais. Conscientes do papel político da educação, os professores que adotam a abordagem intercultural fazem escolhas pedagógicas com o intuito de que o ensino seja pertinente às diferentes formas de aprendizagem e participação ativa de todos os estudantes.[21] Trata-se de uma abordagem de ensino que considera os contextos socioculturais e que procura integrar o conhecimento cultural dos estudantes na construção do ambiente escolar e do processo de aprendizagem com qualidade social.

A escola de qualidade social é aquela que atenta para um conjunto de elementos e dimensões socioeconômicas e culturais que circundam o modo de viver e as expectativas das famílias e

---

[21] SANTIAGO, M.; AKKARI, A. Op. cit.

de estudantes em relação à educação; que busca compreender as políticas governamentais, os projetos sociais e ambientais em seu sentido político, voltados para o bem comum; que luta por financiamento adequado, pelo reconhecimento social e valorização dos trabalhadores em educação; que transforma todos os espaços físicos em lugar de aprendizagens significativas e de vivências efetivamente democráticas.[22]

Justamente pensando na definição de uma escola de qualidade social e nos desafios da implementação de projetos interculturais, também é necessário considerar as contradições internas próprias de um seio cultural. Por isso, na condução de um projeto intercultural, por considerar a cultura de forma dinâmica e interacional, as práticas culturais não podem ser sacralizadas ou essencializadas. Como já dissemos, nenhuma cultura é uma ilha, por isso suas práticas são passíveis de crítica. Sabemos que certas condutas culturais, como os padrões de beleza e de comportamento social impostos às mulheres, têm sido questionados pela importante atuação de mulheres que lutam por espaço e

---

22 SILVA, M. Qualidade social da educação pública: algumas aproximações. *Cadernos* CEDES, 2009, p. 225.

reconhecimento de suas múltiplas identidades e formas de atuação social. Por mais desafiador que seja, é muito importante trazer essa discussão sobre a necessidade de mudança de determinadas percepções hegemônicas e de consideração de uma pluralidade de identidades, pois elas influenciam tanto no comportamento social quanto na percepção que meninas e mulheres têm de si. Nesse sentido, a escola precisa elaborar projetos que questionem os padrões brancos de beleza tornados universais por um investimento massivo na produção de uma história única, excluindo mulheres e meninas negras, por exemplo. A pesquisadora Nilma Lino Gomes reconhece que "[...] não é fácil construir uma identidade negra positiva convivendo e vivendo num imaginário pedagógico que olha, vê e trata os negros e sua cultura de maneira desigual".[23] Mas, em abordagens interculturais, é fundamental construir essa percepção e esse conhecimento conjuntamente, já que não há subcultura ou supercultura. As práticas culturais não podem naturalizar preconceito, discriminação ou quaisquer formas de violência, pois precisam caminhar em conformidade com os direitos humanos.

---

[23] GOMES, N. Educação e identidade negra. *Aletria: Revista de Estudos de Literatura*, 2002, p. 41.

Assim, a construção de um projeto intercultural é uma experiência ousada que, na perspectiva de Paulo Freire, se traduz como um processo de reconhecimento e assunção da identidade cultural dos participantes e das diferenças identitárias entre eles. O grande desafio educacional para iniciar um projeto nessas bases é reconhecer os diferentes contextos culturais de nossos estudantes. De acordo com nossas pesquisas, o reconhecimento de que a escola tem um importante papel na construção e valorização dos processos identitários dos estudantes implica a compreensão de que as diferenças entre eles são construídas social e culturalmente levando em conta as relações de poder.[24] No entanto, o processo de hierarquização das diferenças pode ser desafiado e desestabilizado, afinal, como afirma Paulo Freire, a *educação é uma forma de intervenção no mundo*[25] e ensinar exige a convicção de que as mudanças são possíveis.

Para que essas intervenções no mundo sejam provocadas, é preciso que o processo educativo seja, acima de tudo, eficaz e que suas ações perdurem. Com isso, nos apoiamos em diversas

---

[24] AKKARI, A.; SANTIAGO, M. Diferenças na educação: do preconceito ao reconhecimento. *Revista Teias*, 2015.

[25] FREIRE, P. *Pedagogia da autonomia*, 1996, p. 38.

teorias sobre a aprendizagem, corroboradas pela prática pedagógica, que têm mostrado que interações significativas com os objetos de conhecimento são uma forma duradoura de aprender. Isso significa que os conteúdos curriculares se transformam em conhecimento quando é possível contextualizá-los a partir da realidade cotidiana e cultural dos estudantes. Saberes desconectados do contexto sociocultural dos alunos são menos significativos e podem facilmente cair no esquecimento. Com base nessa percepção, devemos nos perguntar: como ensinar de forma significativa os conhecimentos e conteúdos curriculares?

Um dos primeiros horizontes a se vislumbrar quando se procura um objeto de estudo significativo aos educandos é: como o educador dialoga com esse tema? Como o professor ou professora também transitará junto de seus alunos nos muitos caminhos do aprendizado? Procurando por esse eixo, podemos recorrer a Paulo Freire, em *Pedagogia da autonomia*,[26] quando o educador explicita que não há *docência sem discência* e afirma que ensinar exige o reconhecimento e a assunção da identidade cultural de educadores e educandos. Essa visão de educação, por si mesma, é uma postura intercultural:

---

26 Ibidem.

Uma das tarefas mais importantes da prática educativo-crítica é propiciar as condições em que os educandos em suas relações uns com os outros e todos com o professor ou a professora ensaiam a experiência profunda de assumir-se. Assumir-se como ser social e histórico, como ser pensante, comunicante, transformador, criador, realizador de sonhos, capaz de ter raiva porque capaz de amar. Assumir-se como sujeito porque capaz de reconhecer-se como objeto. A assunção de nós mesmos não significa a exclusão dos outros. É a "outredade" do "não eu", ou do tu, que me faz assumir a radicalidade de meu eu.[27]

Inclusão

No campo da educação, a inclusão é entendida como um processo incessante de envolvimento de toda a comunidade escolar na criação de sistemas e ambientes participativos e que promovam valores inclusivos. Os processos inclusivos implicam aumentar a participação de todas as pessoas na redução de barreiras que resultem em exclusão e discriminação, e isso inclui tanto famílias e professores quanto crianças.[28] Mas de que maneira o

---

27 Ibidem, p. 46.
28 BOOTH, T.; AINSCOW, M. Op. cit., 2011.

processo de inclusão em educação tem relação com um projeto intercultural?

O grande desafio da inclusão na educação reside no fato de que a própria sociedade é historicamente estruturada na exclusão de determinadas pessoas. As cidades não são inclusivas, o mercado de trabalho não é inclusivo e a escola, por consequência, tem a longa e árdua tarefa de reconhecer e enfrentar essa lógica. Sabemos que os processos de exclusão são antigos e persistentes e que todas as escolas têm dificuldades em compreender o funcionamento da lógica capacitista, que hierarquiza e inferioriza determinados grupos por suas características físicas, cognitivas, neurológicas ou psíquicas, submetendo-os a situações de preconceito e discriminação que se constituem em verdadeiras barreiras à aprendizagem e à participação, resultando até mesmo em evasão escolar.

Como uma visão intercultural nos convoca a pensar o contexto da comunidade escolar, para que nasça um projeto de natureza verdadeiramente inclusiva, gestão, professores e alunos podem ser levados a refletir sobre as formas de exclusão existentes naquele contexto. Quem sofre a exclusão? E quem a pratica? O que impede a participação e a aprendizagem de todos? Em que medida os participantes escolares e a gestão estão comprometidos em ampliar a participação e desenvolver a qualidade social na escola? Desenvolver uma proposta intercultural requer a assunção de novas atitudes e práticas institucionais e interpessoais com a adoção de concepções e valores que reconheçam as diferenças como oportunidades educacionais e exijam a participação de todos os membros da comunidade educacional nos processos formativos e decisões pertinentes à vida escolar.

De nosso ponto de vista, o processo educativo é um ato ético e político que exige reflexão e questionamento contínuo de saberes, valores e concepções a partir de escolhas teórico-metodológicas baseadas no diálogo e no encontro com o outro.[29] Entretanto, os membros do sistema educacional recorrentemente mencionam a importância da inclusão na educação porque admitem, justamente, que a escola é um espaço onde há exclusão. A escola exclui em razão dos diferentes ritmos de aprendizagem, em virtude de características frequentemente concebidas como deficiências, por causa até da origem social, étnica ou de gênero. Muitas vezes, as barreiras são tão culturalmente arraigadas e naturalizadas que é preciso um trabalho de sensibilização para percebê-las e poder construir projetos que lutem contra a discriminação e afirmem o direito à inclusão de todas as pessoas.

---

29 AKKARI, A.; SANTIAGO, M. Op. cit., p. 39.

A *Declaração Mundial sobre Educação para Todos*, conhecida como Conferência de Jomtien,[30] assume coletivamente a expectativa por um compromisso efetivo em superar as disparidades educacionais, impedindo que grupos historicamente excluídos sofram qualquer tipo de discriminação no acesso às oportunidades educacionais. Os grupos reconhecidos internacionalmente como excluídos são os pobres, os meninos e meninas de rua, as crianças que trabalham, as populações das periferias urbanas e de zonas rurais, os nômades e os trabalhadores migrantes, os povos indígenas, as minorias étnicas, raciais e linguísticas, os refugiados e os deslocados pela guerra e os povos submetidos a um regime de ocupação. A Declaração ressalta enfaticamente que as necessidades básicas de aprendizagem das pessoas com deficiências requerem atenção especial. No entanto, mesmo quando um país se alia ao movimento internacional como signatário, políticas e ações voltadas para a inclusão são promulgadas, sem, contudo, se converterem necessariamente em práticas inclusivas reais. Um dos motivos para que isso aconteça pode ser porque a indiferença e a omissão tomam

---

30 UNICEF. *Declaração Mundial sobre Educação para Todos*, Conferência de Jomtien, Tailândia, 1990.

o lugar da indignação contra as atitudes excludentes. Por isso, para combater, de fato, as injustiças e discriminações, os projetos interculturais precisam fomentar discussões capazes de levar a questionamentos profundos, começando pelo fatalismo que não raro nos assombra.

> Temos o dever de, em nenhuma circunstância, aceitar ou estimular posturas fatalistas. O dever de recusar afirmações como: "é uma pena que haja tanta gente com fome entre nós, mas a realidade é assim mesmo". "Galho que nasce torto, torto se conserva". O nosso testemunho, pelo contrário, se somos progressistas, se sonhamos como uma sociedade menos agressiva, menos injusta, menos violenta, mais humana, deve ser o de quem, dizendo *não* a qualquer possibilidade em face dos fatos, defende a capacidade do ser humano de avaliar, de comparar, de escolher, de decidir e, finalmente, de intervir no mundo.[31]

Compreender as desigualdades e as barreiras como uma produção histórico-cultural humana passível de mudança é assumir um compromisso educacional e político pautado em justiça social

---

31 FREIRE, P. *Pedagogia da indignação*, 2000, p. 28.

e construído em um contexto de engajamento e compromisso com a coletividade.

O que não é possível é pensar em transformar o mundo sem sonho, sem utopia ou sem projeto. Os sonhos são projetos pelos quais se luta. Sua realização não se verifica facilmente, sem obstáculos. Implica, pelo contrário, avanços, recuos, marchas às vezes demoradas. Implica luta.[32]

Um projeto intercultural se configura, portanto, como uma oportunidade para reconhecer as práticas de exclusão, identificar barreiras e definir estratégias para implementar mudanças práticas em um contexto educacional, sem que haja espaço para fatalismos, almejando sempre que a educação seja o eixo condutor das transformações com as quais sonhamos. E, como as necessidades de aprendizagem e de acesso dos estudantes são dinâmicas, o processo de inclusão é permanente e requer a construção de valores e estratégias contínuas por meio da participação coletiva, de sonhos e objetivos de um coletivo. Nesse sentido, incluir é colocar em prática valores inclusivos a partir de um compromisso

---

32 Ibidem, p. 53.

que reflete o desejo de toda a comunidade escolar em superar a exclusão e promover a participação contínua de todos, inclusive nas tomadas de decisão.

Sabe-se que os valores, os sonhos e os objetivos de cada comunidade escolar podem diferir dependendo de seu contexto. Podemos observar, no entanto, que os elementos que contribuem para a inclusão em educação representam alguns desses valores e estratégias a serem construídos nas escolas. Cada escola pode identificar coletivamente quais deles deseja e precisa desenvolver em seu contexto específico. A título de exemplo, a educação para a sustentabilidade consiste em preparar as crianças e os jovens para modos de vida sustentável dentro de comunidades e ambientes sustentáveis, em nível local e global. A sustentabilidade ambiental é central para a inclusão, visto que a degradação ambiental, o desmatamento e o aquecimento global ameaçam a qualidade da vida de todos nós e prejudicam a vida de milhões de pessoas no mundo. As escolas que se desenvolvem inclusivamente precisam tratar da manutenção do ambiente físico e natural dentro de seus muros e para além deles. Mas a *alfabetização ecológica* tem que vir de uma compreensão da natureza e do respeito a ela, não do medo de catástrofes. Ela precisa ligar-se mais à esperança e ao otimismo do que ao medo.

E, para serem sustentáveis, as mudanças devem estar integradas às culturas e, por meio delas, desenvolver novos hábitos e outras realidades possíveis.[33]

E, nesse processo, é fundamental ter o cuidado de não transformar a necessidade da educação inclusiva em um discurso distante das práticas escolares cotidianas. Uma escola em processo de inclusão é aquela que realiza ações concretas e diárias para fazer justiça a todos os grupos e, para isso, precisa ter a coragem de problematizar os privilégios de alguns grupos em detrimento de outros. Esse movimento se baseia na Lei nº 10.639/2003, que altera a Lei nº 9.394, de 20 de dezembro de 1996, que estabelece as diretrizes e bases da educação nacional, sendo esse um marco fundamental por incluir no currículo oficial da rede de ensino a obrigatoriedade do ensino de "história e cultura afro-brasileira". Ao longo da história brasileira, vivenciamos o mito da democracia racial e também um processo de naturalização das desigualdades raciais, que passam a ser problematizadas a partir de políticas curriculares como essa, que buscam promover a igualdade racial. Ou seja, para uma educação inclusiva ocorrer é necessário um conjunto de práticas que vão desde medidas mais estruturais,

---

33 BOOTH, T.; AINSCOW, M. Op. Cit., p. 24.

como a implementação de leis e diretrizes curriculares, até a mobilização da comunidade escolar para problematizar as desigualdades internas, sendo este um processo global e coletivo.

Pedagogias envolventes e inovadoras

Há muitas experiências que podem favorecer o desenvolvimento de uma proposta intercultural. A valorização das culturas existentes é elemento central para se pensar nas metodologias a serem usadas no desenvolvimento das ações. Elencamos algumas das muitas possibilidades de ações e experiências a serem desenvolvidas em projetos interculturais:

- Rodas de conversa ou círculos de cultura de inspiração freiriana: envolve discussão sobre determinado tema com a participação de toda a comunidade.[34]
- Elaboração de jornais comunitários: uma comissão assume papel editorial e busca elementos temáticos e informações na própria comunidade, valorizando e divulgando práticas e saberes locais.[35]

---

34 OLIVEIRA, A. Roda de conversa e círculo de cultura: instrumentos com potencial de mobilização e emancipação. *Revista Panorâmica*, 2021.

35 COELHO, L. Jornais comunitários preenchem lacunas de informação e lutam contra estereótipos para produzir jornalismo verdadeiramente

• Vídeo-debate: escolha de um filme ou documentário com tema que dialogue com o contexto da escola visando à sensibilização e ao debate sobre a situação local.[36]

• Produção de documentário: elaboração de materiais audiovisuais que narram a realidade local, apresentando a problemática e a busca de soluções pela comunidade.[37]

• Mostra de produções culturais da comunidade: evento com o propósito de dar visibilidade à cultura local, compartilhando experiências e produções da comunidade.

• Lideranças comunitárias e personalidades locais: reconstituição da história do bairro, da escola e da comunidade para criar laços identitários e valorizar membros da comunidade que possam compartilhar experiências e histórias.

---

local. *Portal LaTam Journalism Revew*, 8 de novembro de 2021.

[36] SÃO PAULO. Secretaria de Educação. Em debate, estudantes falam sobre *bullying*, diferenças e tolerância. *YouTube*, 2022.

[37] BRAGA, N. *Criar para aprender:* a produção de documentário na escola. Trabalho de Conclusão de Curso, 2016.

Essas ações são apenas exemplos de pedagogias envolventes e inovadoras que podem ser realizadas visando oportunizar a participação de todos e valorizar os saberes e fazeres locais. A prática educativa mostra que investir em estratégias interativas e colaborativas resulta em oportunidades significativas de aprendizagem e criação de novos contextos de superação de barreiras, já que, nesse tipo de projeto intercultural e interdisciplinar, os participantes transformam e são transformados na relação uns com os outros. São propostas que colocam o diálogo e a colaboração entre os participantes como condição para o desenvolvimento do projeto, permitindo o exercício da escuta, da negociação, da partilha, dos acordos e da consideração de diferentes perspectivas. Os processos educativos se convertem, assim, em experiências reais de interação humana e de resolução de problemas. Eles efetivam também a concepção de que o currículo escolar precisa estar relacionado com a vida cotidiana, com as realidades e desafios dos diferentes grupos que compõem a comunidade escolar. Além disso, as metodologias educativas que envolvem toda a comunidade na construção de ações significativas também valorizam os saberes acumulados ao longo da história, evocando uma reflexão sobre a forma como esses saberes são disponibilizados e apresentados às novas gerações.

Diferença e igualdade

Para que a aplicação dessas propostas atinja o seu objetivo, é preciso refletir sobre a presença da diferença e da igualdade em uma comunidade escolar. A tensão entre esses dois conceitos está presente no cotidiano das sociedades contemporâneas e das escolas e a única maneira de construir uma escola atenta e aberta à realidade de todos os alunos, em suas especificidades e divergências, é considerando a diversidade como um valor e a igualdade de condições e oportunidades como um direito. Nesse sentido, as diferenças entre as pessoas precisam ser consideradas para a promoção da igualdade, não para homogeneizá-las, mas para construir estratégias que garantam a todos as mesmas condições de acesso e aprendizagem. Os educadores sabem que os estudantes têm diferentes ritmos e interesses de aprendizagem; considerar essa diversidade implica criar práticas de ensino singulares que valorizem formas distintas de curiosidade e envolvimento com o conteúdo. Desconsiderar as diferenças no contexto escolar produz práticas de exclusão. Porém, em sociedades desiguais, como a brasileira, os pontos de partida dos estudantes são diferentes, o que coloca alguns grupos sociais em permanente desigualdade. Sabemos que as diferenças sociais se sustentam em preconceitos e injustiças e isso se reflete nas escolas. Como microcosmo social, a escola não pode deixar de debater e dar visibilidade às injustiças sociais, que precisam ser assumidas, compreendidas e, então, transformadas.[38]

Esse olhar para as especificidades culturais dos estudantes, para a diversidade de formas de aprendizagem e para a necessidade de enfrentamento das injustiças sociais precisa também chegar ao currículo, questionando suas ênfases e omissões. Há naturalização de preconceitos e discriminações nas culturas, políticas e práticas escolares? As oportunidades de aprendizagem e participação são democráticas no contexto da escola? O que pode ser feito para que todos aprendam e participem juntos e que os diferentes saberes sejam valorizados? Que história é contada nos livros didáticos ou apostilas? Como podemos valorizar os saberes e tradições silenciados no currículo escolar? De que modo esses silenciamentos interferem na formação de processos identitários dos estudantes? Essas perguntas precisam estar sempre no horizonte das equipes que promovem projetos interculturais, assim como a oportunidade de todos os integrantes da comunidade escolar refletirem sobre elas.

Os projetos interculturais mais bem-sucedidos são aqueles que fazem das diferenças oportunidade de diálogos e negociações

---

38 AKKARI, A.; SANTIAGO, M. Op. Cit.

sobre o currículo e da diversidade instrumento para construir igualdade de oportunidades visando à unidade da comunidade escolar. Unidade como união, não unicidade. Essa postura exige muita conversa e muita escuta, requer o exercício da empatia, o abandono das certezas e a valorização das diversas perspectivas e concepções que fazem a diversidade do espaço escolar. E isso só pode se concretizar porque a experiência com a igualdade e a diferença oferece a oportunidade de vivenciar a alteridade, enriquecendo cada membro da comunidade com a perspectiva do outro.

Esses valores são fundamentais porque facilitam a participação de todos na vida social, econômica e cultural de forma democrática, isto é, dando acesso aos mesmos recursos e condições quaisquer que sejam sua cultura, sua origem, sua crença, suas características físicas e intelectuais. A consciência e a afirmação do direito às diferenças criam, assim, condições para aproximar as pessoas, colocando-as como o ponto central do trabalho pedagógico. Assim, a relação entre igualdade e diferença, quando considerada em um projeto intercultural, promove espaços reais para a convivência social na escola em resposta a uma questão social urgente: o combate a todas as formas de discriminação.

Cidadania e democracia

Como citado anteriormente, a escola é um microcosmo da sociedade. Se almejamos a ampliação da cidadania e temos o objetivo de que a escola seja, de fato, democrática, aberta a todos e comprometida com a formação de cidadãos que participem plenamente da construção da sociedade, precisamos perguntar como isso está sendo praticado nas ações pedagógicas e quais são os avanços e entraves no processo de construção da democracia e da cidadania na própria escola. Esses questionamentos são a base para o exercício da cidadania como uma responsabilidade coletiva e também da participação democrática como um direito de todos assumido pela coletividade da escola por meio da luta contra as injustiças e exclusões sociais.

A cidadania é, nesse sentido, entendida como um vínculo jurídico que faz do indivíduo membro de um Estado ou de uma comunidade com direitos civis, políticos e sociais e também deveres que implicam necessariamente o respeito às leis e aos direitos dos demais cidadãos em participarem da vida social. Em um processo de educação para a cidadania deve haver, portanto, a conscientização de todos sobre seus direitos e deveres, permitindo que cada indivíduo aja em prol do bem comum, da realização dos Direitos Humanos e de uma sociedade mais justa e solidária.

Apoiar e defender o acesso à cidadania para todos garante meios para que crianças, adolescentes, jovens e adultos participem da construção coletiva da vida em sociedade, responsabilizando-se ativamente por ela.

Cidadania e democracia são, desse modo, conceitos interdependentes. Como forma de exercício da liberdade, a democracia baseia-se no direito de participação de todos nas tomadas de decisão coletivas. Um funcionamento democrático garante a cada pessoa o direito de se expressar e, ao coletivo, de trocar, debater e aprender o exercício de respeitar o direito do outro. Cada pessoa pode, como consequência, existir em sua individualidade, integralidade e diferença. Para que isso se efetive, é essencial apoiar o diálogo, a deliberação e a participação de todos na construção da coletividade. Esse exercício promove a cooperação entre indivíduos, desenvolve a consistência entre palavras e ações e também ajuda a garantir a vigilância e a manutenção de uma sociedade democrática.

As sociedades antigas eram governadas por regras baseadas na herança familiar, linhagem ou casta, enquanto as sociedades contemporâneas postulam que a cidadania passa pela igualdade de direitos e deveres a todos. No entanto, a universalização dos direitos do cidadão é relativamente recente e ainda hoje muitos indivíduos e grupos lutam para ter garantida a sua cidadania, o que passa, necessariamente, pelo reconhecimento dos privilégios de raça, classe e gênero e da dívida social que o Estado tem com essas populações.

Como parte da sociedade, a escola tem o dever de promover essa discussão e o acesso igualitário de toda comunidade escolar às escolhas coletivas, o que se efetiva por meio da gestão participativa. Isso significa que gestores, professores, estudantes e famílias têm o direito de participar das decisões da escola. No contexto de gestão escolar, a penetração e o impacto de um projeto intercultural aumentam as possibilidades de interações democráticas.

Sabemos que, mais do que conceitos, cidadania e democracia precisam ser situações experimentadas e vivenciadas. Perguntamos, então, como a educação escolar pode se converter em um espaço fecundo de vivência democrática e cidadã. Há várias possibilidades de produzir projetos interculturais com essa intenção e cada instituição pode criar seus próprios modelos. As possibilidades vão desde a produção coletiva dos direitos e deveres dos estudantes e dos demais membros da comunidade até a experiência de inversão de papéis, situação que possibilita aos participantes experimentarem o lugar do outro.

A cidadania e a democracia são valores a serem construídos continuamente como propostas que envolvem mudanças de valores e conscientização sobre o papel de cada indivíduo na construção da coletividade. Educar *na* e *para* a cidadania é uma tarefa que vai além dos conteúdos, pois implica mudanças atitudinais e a revisão de práticas e concepções sobre o que é ser cidadão no contexto escolar, social e global e sobre quais as características de uma escola democrática e comprometida com a formação de cidadãos.

Essas reflexões podem servir de guia para o processo de construção de uma educação para a cidadania, cujas estratégias e ações podem ser criadas e reinventadas partindo de realidades e contextos locais. A vivência de situações democráticas e o exercício da cidadania podem ser experiências que desencadeiam processos formativos e de transformação de situações de exclusão e injustiça. Um projeto intercultural pode ser uma das vias possíveis para enfrentar de modo significativo essas situações, construindo coletivamente possibilidades de atuar sobre a realidade e, consequentemente, transformá-la.[39]

---

39 SANTIAGO, M.; ANTUNES, K.; AKKARI, A. Educação para a cidadania global: desafios para a BNCC e formação docente. *Revista Espaço do Currículo*, 2020.

Solidariedade e compromisso

Solidariedade e compromisso são valores indispensáveis para um projeto de caráter intercultural. Outros valores podem ser acionados conforme as necessidades e características de cada grupo. A continuidade e o sucesso de uma proposta intercultural inspiram compromisso com a coletividade, perseverança nas ações para se alcançar objetivos e, sobretudo, solidariedade para contribuir com as atividades e mudanças atitudinais assumidas pela coletividade como necessárias.

Como valor, a solidariedade pode ser definida como a tomada de consciência das necessidades dos outros e o desejo de contribuir e colaborar para a sua satisfação, segundo o critério da justiça social. Isso significa que nem sempre um projeto intercultural promove benefícios pessoais diretos, mas pode avançar em benefícios coletivos e institucionais que poderão ampliar melhorias no clima institucional, no ambiente de trabalho e na relação entre as pessoas. Assim, novamente, um projeto intercultural não pode ser conduzido isoladamente, já que o trabalho colaborativo exige diálogo e decisões coletivas. Em alguns casos, nossos desejos pessoais não prevalecem e aprender a lidar com as contrariedades e contradições, renunciar a algumas verdades e certezas exige compromisso com a coletividade.

Uma proposta de caráter intercultural proporcionará mudanças pessoais que trarão, sobretudo, respostas coletivas e institucionais. Construir mudanças e valores são razões para um projeto existir, o que significa elencar os valores institucionais a serem assumidos e transformados conforme a necessidade de cada instituição.

Entendidos como inseparáveis, a solidariedade e o compromisso constituem uma aliança representativa de um contrato coletivo que contribui para a construção de uma sociedade mais justa e fraterna. É uma união em torno de um projeto comum. O compromisso de um projeto intercultural consiste em, dessa maneira, investir na construção conjunta de uma sociedade mais justa. A solidariedade como ação, por sua vez, é o ato de reunir-se em torno de um projeto comum para a garantia da justiça social. A solidariedade e o compromisso visam, assim, a estabelecer uma sociedade que garanta o desenvolvimento de cada um, contribuindo para o conhecimento e reconhecimento do outro. Ativismo, envolvimento e ajuda mútua são motores essenciais para dispor os participantes de um projeto em torno de valores compartilhados.

Emancipação e competências interculturais
O cotidiano escolar pode ser muito duro, cheio de desafios e tomado por concepções e tarefas que dificultam a emancipação de professores e estudantes. Muitos educadores precisam lidar com uma rotina de pressões para cumprir um programa curricular que atende fundamentalmente aos imperativos do controle burocrático, agravados por uma concepção mercadológica de educação e sociedade.

Em muitos contextos, o tempo escolar tem se consumido pela necessidade de esgotar apostilas desconectadas da realidade dos estudantes e avaliações com pouco impacto pedagógico porque pautadas apenas na verificação de conteúdos. Sabemos, enfim, que o ensino conteudista e essa concepção bancária de educação[40] ainda persistem em muitas escolas. No entanto, a educação pode e deve ser libertadora, crítica e emancipatória. Para isso, gestores, docentes e discentes precisam de canais efetivos de diálogo e questionamento de práticas pedagógicas que reproduzam preconceitos e exclusões. Como tornar o ensino significativo para todos se é preciso cumprir a extensão de uma apostila predeterminada? Como implantar metodologias ativas apenas com avaliações de

---

40 FREIRE, P. Op. cit, 2018.

caráter punitivo e conteudista? Como considerar a diversidade de culturas presentes na escola sem apoio para pensar e construir um currículo aberto aos novos conhecimentos?

Um projeto intercultural bem construído, que envolva toda a comunidade, que se paute em metodologias ativas, que seja acessível e inclusivo, que se abra a novas culturas e conteúdos e enfrente questões candentes para o grupo pode ser uma ferramenta real de emancipação, recuperando o prazer de aprender e ensinar. É importante, por isso, perceber que os processos emancipatórios estão associados à participação e à produção de conhecimento nas diferentes etapas de um projeto intercultural. A eleição de um tema, a escolha dos objetivos, a definição das etapas a serem desenvolvidas, a avaliação e o monitoramento do processo envolvem toda a coletividade. Embora o caminho da emancipação seja percorrido individualmente, seu traçado é sempre coletivo. A educação emancipatória, verdadeira dinâmica da educação popular, precisa oferecer ferramentas para cada um pensar por si e tomar seu lugar no grupo e na sociedade por meio da afirmação e da consciência do seu papel e da relação com os outros, desenvolvendo um sentimento de liberdade que promove autonomia, independência e mobilização para agir. Ou seja, pensar na coletividade para poder agir de forma emancipada.

Como resultado desse processo emancipatório, a atitude intercultural é, portanto, a capacidade de se comportar e se comunicar de maneira apropriada e eficaz em situações interculturais diversas com base em suas atitudes, conhecimentos e habilidades. A competência intercultural tem, enfim, a ver com o reconhecimento de si e do outro e com nossa capacidade de relacionamento com a diversidade cultural. Em última análise, saber conviver interculturalmente é um requisito de nossa própria sobrevivência como humanidade, já que os desafios globais do século XXI exigem um enfrentamento coletivo.

A educação intercultural contempla, enfim, o fortalecimento de políticas públicas, de práticas socioeducativas e de reconhecimento de subjetividades, valorizando saberes e conhecimentos diversos. Todas essas dimensões se desdobram em situações que redimensionam o papel da construção coletiva, da visibilidade aos conflitos, da valorização de múltiplas linguagens, da promoção da diferenciação pedagógica, do reconhecimento de saberes sociais, da contextualização dos conhecimentos científicos, da problematização das relações entre universalismo e relativismo, da promoção da democracia racial, entre outras situações que podem ser pensadas e viabilizadas em cada contexto educacional.

Síntese

Até aqui, discutimos o que é um projeto educacional intercultural, quais são suas bases conceituais e para que e quem ele deve ser posto em prática. Vimos que a primeira etapa de um projeto intercultural é conhecer a instituição e a comunidade escolar, compreendendo se sua diversidade cultural constitutiva está associada a barreiras ou oportunidades. Aí está a primeira pista para a realização de um projeto de natureza intercultural. A partir dela, serão estabelecidos os valores de referência para a construção do projeto:
- valorização de diversas formas e pertencimentos culturais;
- consolidação do processo de inclusão em educação;
- investimento de pedagogias envolventes e inovadoras;
- interação entre os conceitos de diferença, diversidade e igualdade;
- princípios democráticos;
- compromisso de construção de relações solidárias;
- processos emancipatórios;
- desenvolvimento de competências interculturais;
- e outros princípios a serem desvelados no cotidiano de cada escola e na interação entre seus diferentes participantes.

Romper com o silenciamento cultural, questionando o preconceito, a discriminação e a manutenção de privilégios de raça e classe é uma maneira de construir um ambiente intercultural de aprendizagem fundamental, já que a escola é um espaço que promove o apagamento de muitas identidades culturais, mas é também um lugar de convivência com a diversidade. Promover projetos interculturais na escola é, portanto, um ato de justiça e democracia.

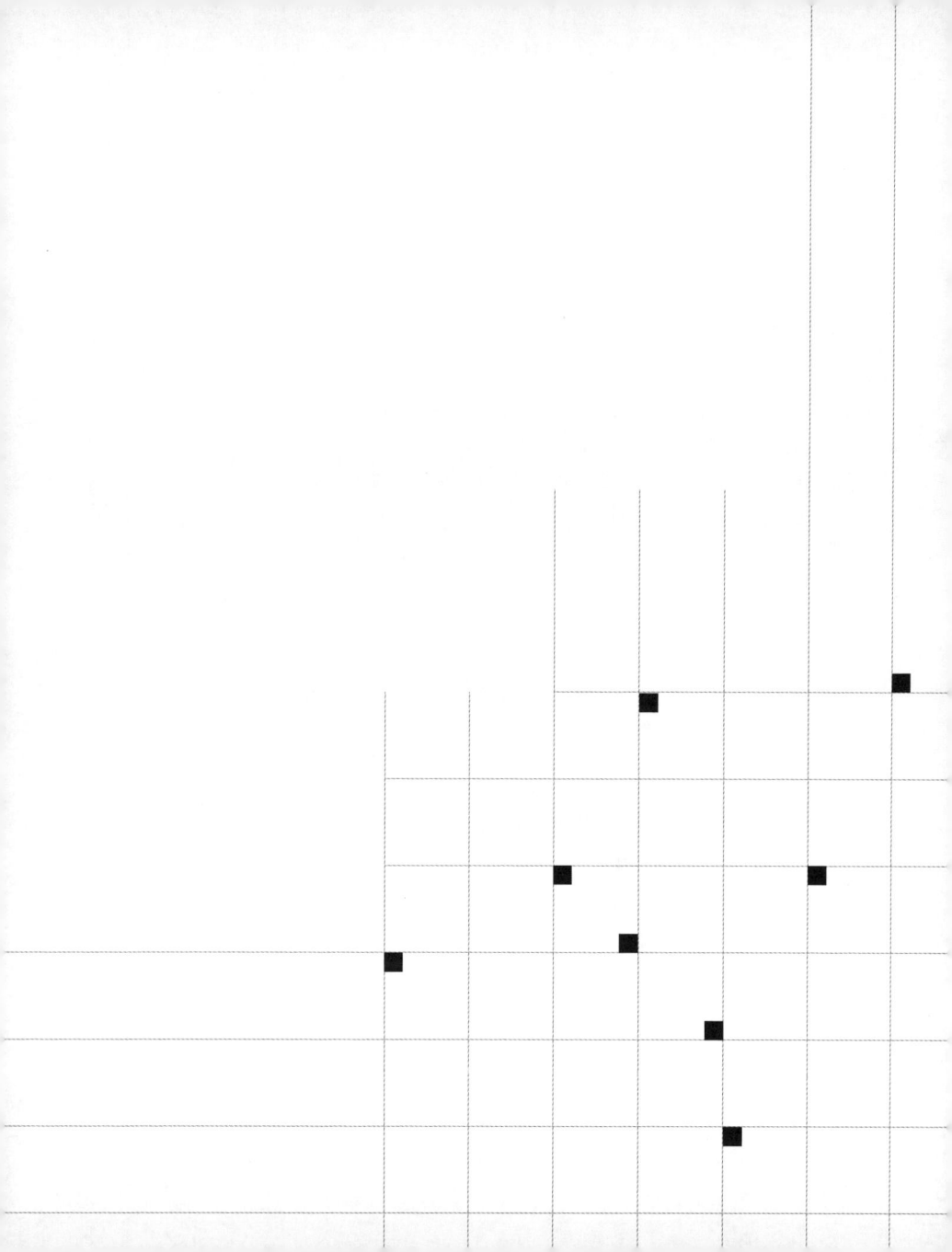

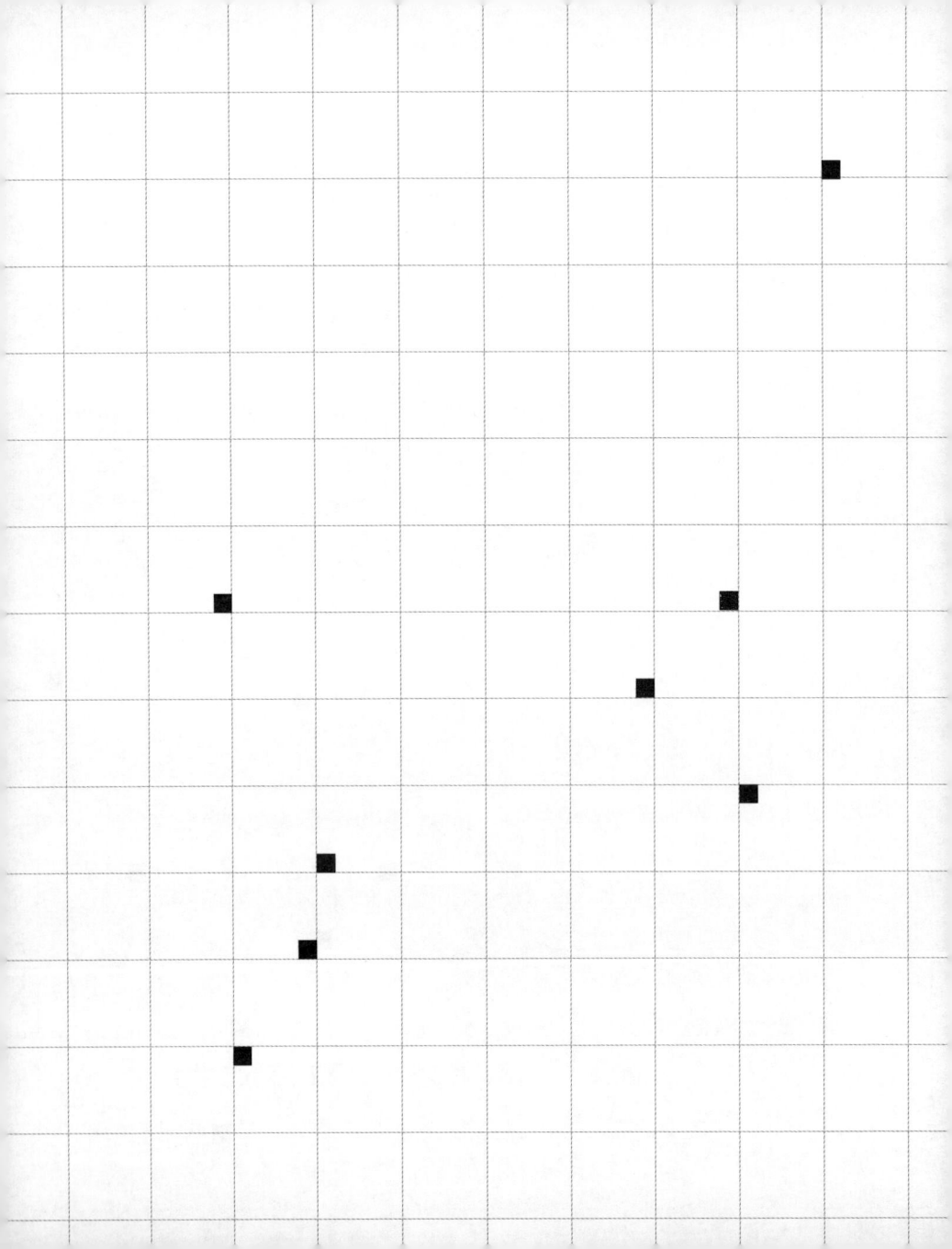

2 Interculturalidade e inclusão na escola

Introdução

A educação intercultural e o processo de inclusão em educação buscam enfrentar as manifestações de preconceito, discriminação e violência presentes no cotidiano escolar, quebrando barreiras à participação e à aprendizagem de todos, empenhando-se em ampliar o reconhecimento e a representatividade dos grupos historicamente inferiorizados. Neste capítulo, buscamos articular essas duas perspectivas no que se refere à necessidade de questionar os sentidos de igualdade e diferença que circulam pelos espaços educativos, problematizar o unicultural e homogeneizador dos currículos escolares e das práticas pedagógicas e, sobretudo, reconhecer e valorizar as diferenças culturais, afirmando o direito à educação para todos.

O processo de inclusão pressupõe o questionamento das barreiras que impedem a efetiva participação de todas as pessoas tanto na escola, quanto na sociedade. O *Index para a inclusão*[41] oferece a possibilidade de contemplar um conjunto de propostas que visam a auxiliar na criação de um plano de desenvolvimento inclusivo na escola. Entendemos, pois, o princípio da inclusão de uma forma ampla, compreendendo o apoio e o acolhimento às diferenças de todos os sujeitos, sendo a educação um direito humano básico e o alicerce de uma sociedade justa e solidária.

A construção de **culturas inclusivas** contribui para a construção de uma comunidade e para o estabelecimento de valores inclusivos. As culturas inclusivas se referem às crenças e representações, ao sentimento de acolhimento, à cooperação entre os alunos e profissionais, aos encontros e circulação de informações entre os membros da comunidade escolar e ao envolvimento das comunidades locais com a escola. Já os **valores inclusivos** compreendem a necessidade de conhecer

---

[41] BOOTH, T.; AINSCOW, M. Op. cit.

as expectativas em relação aos alunos, identificar a existência ou não de uma cultura de inclusão por parte dos professores que certamente implica a valorização dos alunos, a remoção de barreiras à aprendizagem e à participação em todos os aspectos da escola e a minimização de possíveis formas de discriminação. As culturas e valores inclusivos, por sua vez, demandam o desenvolvimento de políticas específicas que considerem uma escola para todos, com apoio à diversidade. Para isso, busca-se compreender de que maneira a escola procura superar os desafios à participação e à aprendizagem, considerando sua proposta pedagógica e os documentos que indiquem a intenção de apoiar a diversidade.

Com isso, chega-se à orquestração das práticas inclusivas, com reflexões sobre a condução e a mobilização de recursos de aprendizagem para todos. Nessa dimensão, considera-se: o modo como o ensino é planejado, tendo em vista a aprendizagem de todos os alunos; se as atividades de aprendizagem contemplam e possibilitam compreensões sobre as diferenças e se a diversidade dos alunos é aproveitada como subsídio para o ensino e a aprendizagem; se os alunos são ativamente envolvidos em sua aprendizagem e aprendem em cooperação; se e de que modo as avaliações contribuem para o sucesso de todos os alunos; e, finalmente, se existe colaboração e planejamento coletivo entre os professores.[42]

Esses eixos do processo de inclusão se aproximam do diálogo intercultural na medida em que destacam a complexidade da inclusão como processo que demanda elaboração e apropriação do conceito de cultura em suas dimensões institucional e antropológica. Compreendendo que o processo educacional alicerçado nas perspectivas inclusiva e intercultural supõe uma mudança na cultura organizacional da escola, Xavier e Canen sustentam a necessidade de repensar as relações sociais, as práticas pedagógicas e os currículos escolares.[43] Para tanto, é necessário que o trabalho pedagógico se baseie em um processo de *conscientização cultural*, entendendo a escola como organização multicultural. Para que isso ocorra, os autores sugerem que alguns pressupostos sejam efetivados:

---

42 SANTIAGO, M.; AKKARI, A.; MARQUES, L. *Educação intercultural:* desafios e possibilidades, 2013.

43 XAVIER, G.; CANEN, A. Multiculturalismo e educação inclusiva: contribuições da universidade para a formação continuada de professores de escolas públicas no Rio de Janeiro. *Pró-Posições,* 2008.

- O reconhecimento da escola como um lócus cultural, em que a multiplicidade e a diferença são a sua tônica enriquecedora.
- O desvelamento e a denúncia dos processos excludentes, para que possam ser superados os mecanismos que silenciam e oprimem grupos culturais e identidades excluídas.
- O rompimento com o olhar hierarquizado sobre as diferenças – a não superioridade ou inferioridade de um padrão cultural sobre outros.
- A reflexão sobre a relação entre cultura e poder que perpassa o currículo e suas práticas pedagógicas.
- O desenvolvimento de uma cidadania crítica – capacidade do indivíduo de apropriar-se de seus direitos e fazer valer sua voz de maneira crítica, consciente, solidária e participativa.
- A promoção do respeito pela diversidade e do trabalho coletivo em prol da justiça social, reduzindo preconceitos e criando atitudes positivas em relação às diferenças.
- O exercício da vigilância sobre seus próprios discursos e práticas, de modo que preconceitos e estereótipos não se "naturalizem".
- A realização de atividades que auxiliem na superação do fracasso escolar, sem discriminar ou rotular os envolvidos, por meio de atitudes de cooperação mútua e valorização dos modos alternativos de cultura.

- O desenvolvimento de um currículo que leve em conta a pluralidade cultural da sociedade e da escola e que tenha o diálogo como base de sua ação, buscando superar os discursos que silenciam ou estereotipam as diferenças.[44]

Assim, percebe-se que o processo de inclusão em educação e a perspectiva intercultural são práticas convergentes porque desestabilizam os processos de hierarquização e homogeneização presentes nos contextos escolares na tentativa de romper com a invisibilidade cultural nas instituições educacionais. São propostas que desafiam a capacidade de articulação coletiva entre os membros da comunidade escolar, favorecendo processos de autonomia que ampliam a aprendizagem e a participação de todos e contribuindo para a consolidação de uma educação mais democrática, que considera as diferenças como riqueza e oportunidade de diálogo com os diversos saberes e práticas.[45]

---

44 XAVIER, G.; CANEN A., Op. cit.

45 SANTIAGO, M.; AKKARI, A.; MARQUES, L. Op. cit.

Desafios à aprendizagem e à participação de todos

As diretrizes do *Index para a inclusão*[46] podem auxiliar na identificação dos desafios à aprendizagem e à participação de todos no contexto de cada escola, evidenciando o que precisa ser mudado para tornar a instituição e suas práticas mais responsivas às necessidades da comunidade escolar. É importante destacar que o conjunto de indicadores se desdobra em questões a serem problematizadas e reformuladas de acordo com a realidade de cada escola. O *Index para a inclusão* não se limita a listar as conquistas da escola, mas pretende ser uma ferramenta para estimular a análise criteriosa das interações, da organização do espaço, da elaboração das regras e das práticas curriculares que podem ampliar a participação da comunidade escolar e a aprendizagem de todos os alunos considerando suas especificidades. Para isso, diferentes ferramentas e métodos de consulta podem ser usados na fase de análise diagnóstica inicial de uma escola. Entre os métodos mais utilizados, destacamos:

---

46 BOOTH, T.; AINSCOW, M. Op. cit.

- **Reuniões de consulta** para identificar barreiras que precisam ser modificadas ou eliminadas.
- **Entrevista individual** com informantes-chave que possam representar um grupo ou classe.
- **Grupo focal** com uma discussão informal em pequenos grupos para a análise de situações específicas, permitindo também esclarecer as expectativas em relação a uma possível intervenção.

Cada escola elegerá encontrar o formato que possibilite o maior engajamento e participação, com representatividade de todos os segmentos escolares. Para isso, antes de iniciar um projeto intercultural, é essencial analisar o contexto em que a escola atua a fim de compreender as relações e interações existentes entre os membros da comunidade escolar e preparar um terreno fértil para um projeto, do mesmo modo que se prepara o solo para receber as sementes.

A primeira análise a ser realizada diz respeito ao ambiente social em que a escola opera, buscando conhecer e traçar o perfil das famílias e crianças que frequentam a escola. O contexto socioeconômico influencia fortemente o relacionamento com a escola. No entanto, deve-se desconfiar da crença de que os familiares de alunos pobres não estão interessados na educação de seus filhos e não são mobilizados. E, inversamente, que famílias de alunos oriundos de uma classe social mais favorecida nem sempre acompanham de forma mais intensa a educação escolar de seus filhos, delegando à escola a função de educar pelo fato de pagarem pelos "serviços prestados". É preciso considerar também que, em situações nas quais as famílias participam mais das decisões escolares, pode haver prejuízo à autonomia dos professores e até mesmo do corpo gestor da escola. Qualquer que seja o contexto socioeconômico, é necessário identificar os recursos com potencial para mobilizar a comunidade em torno do projeto intercultural.

Apoio institucional à diversidade

A política institucional precisa ser considerada para se compreender as culturas e práticas de inclusão e exclusão existentes no cotidiano escolar. A gestão escolar tem impacto em relação à participação de sua comunidade nas decisões relativas à organização e apoio à diversidade. Por isso, a transformação do espaço escolar em um ambiente acolhedor, que possibilite a aprendizagem de todos a partir de situações que envolvam a colaboração e experiências compartilhadas de aprendizagem, requer responsabilidade e espírito de coletividade por parte de toda a equipe pedagógica.

Para Darling-Hammond,[47] o grande indicador de sucesso de um aluno é a habilidade de aprender coisas novas e melhorar seu repertório à medida que desenvolve capacidades para criar, colaborar e solucionar problemas. Nesse sentido,

> [...] a pesquisadora compreende que é preciso ter recursos para criar um esquema de colaboração e planejamento que permita aos professores trabalhar dentro de novas perspectivas. Ela apontou pontos em comum em países de culturas e sistemas educacionais variados e indicou oportunidades quando se parte da visão do ensino centrado no aluno [...]. Partindo de ambientes interativos, do investimento em pesquisas e criação de comunidades de aprendizagem em sala de aula para apoiar a aprendizagem socioemocional e acadêmica. Tudo isso deve estar apoiado em um currículo focado na aprendizagem e no desenvolvimento das crianças em diversos contextos sociais.[48]

---

47 DARLING-HAMMOND, L. *El derecho de aprender:* crear buenas escuelas para todos, 2001.

48 YOSHIDA, S. Nenhuma sociedade pode ser bem-sucedida sem uma boa Educação. *Portal Amanbai Notícias*, 2008, n.p.

De modo complementar, Hernandez[49] afirma que não é possível recriar a escola se não se modificam a imagem e as condições de trabalho dos professores. Certamente essas mudanças passam por um investimento na carreira e na formação contínua dos profissionais da educação, mas também algumas transformações de atitude e percepção produzem efeitos positivos nas práticas e políticas pedagógicas. Para que mudanças ocorram é necessário que o espaço escolar se converta em um círculo de cultura no sentido freiriano de intercambiar experiências e vivências socioculturais.

Entretanto, por maior que seja o compromisso individual do professor, ele, por si só, não tem condições de operar mudanças na estrutura escolar. Esse processo envolve necessariamente a gestão de culturas institucionais inclusivas que adotem uma perspectiva de trabalho coletivo com a comunidade escolar, ancorada em relações de acolhimento e colaboração entre os membros da comunidade escolar. Nesse momento, aplicar as práticas de diagnóstico, como as reuniões de consulta, é uma ótima ferramenta para a escuta do corpo docente.

---

49 HERNÁNDEZ, F. Op. cit.

Além disso, é fundamental que haja a promoção de valores inclusivos com expectativas reais de aprendizagens significativas para todos os estudantes, a adoção de uma filosofia de inclusão compartilhada por todos os segmentos da escola, e que essa valorização acolha não só os estudantes, mas também todos os profissionais da escola, para que assim se eliminem as práticas de discriminação presentes no espaço escolar, estejam elas entre educandos ou entre educadores.[50]

As transformações de valores e culturas institucionais na coletividade da escola subsidiam o desenvolvimento de uma escola para todos, promovendo acessibilidade e apoio à diversidade dos estudantes. Isso representa um importante reposicionamento político relacionado à proposição de práticas e à oferta de ensino culturalmente apropriado, tendo em vista a aprendizagem de todos os estudantes e também a mobilização de recursos para efetuar as mudanças elencadas coletivamente como necessárias. É preciso, no entanto, planejar esse reposicionamento sabendo que tais mudanças são complexas e envolvem participação, compreensão e adesão da comunidade escolar.

---

[50] SANTIAGO, M. *Laboratório de aprendizagem:* das políticas às práticas de inclusão e exclusão em educação. Tese de Doutorado, 2011.

O reposicionamento político da comunidade escolar permitirá proposições práticas que possibilitem o direito de aprender, considerando que esse aprendizado se relaciona com o saber no sentido de

> valorizar a indagação crítica como estratégia de conhecimento, aprender para compreender e agir, questionar as representações "únicas" da realidade, mudar a organização do espaço e do tempo escolar e, sobretudo, compreender a escola como geradora de cultura e não só de aprendizagem de conteúdos.[51]

Ou seja, um aprendizado não bancário e alinhado com as práticas para autonomia.

Entre as características a serem valorizadas nas propostas de inovações políticas e pedagógicas, Darling-Hammond destaca a "valorização da diversidade, oportunidade para a aprendizagem cooperativa, estruturas sensíveis às pessoas, apoio à aprendizagem democrática, conexões com os familiares e a comunidade, proposta de trabalho coletivo".[52] A autora acrescenta que nenhuma

---

51 HERNÁNDEZ, L. Op. cit., p. 61.
52 DARLING-HAMMOND. Op. cit., p. 156-157.

dessas características, isoladamente, é suficiente para garantir aos que estudantes que se sintam desafiados e apoiados na aprendizagem. Para que se consiga efetivar tais proposições é fundamental que a escola promova a participação, com poder de decisão, mais uma vez, de toda a comunidade.

Relações com o Projeto político-pedagógico

A legislação educacional é clara no que toca à exigência de que a escola construa seu Projeto político-pedagógico (PPP). Essa diretriz está expressa na LDB nº 9.394/1996 que, em seu artigo 12, define, entre as atribuições de uma escola, a tarefa de "[...] elaborar e executar sua proposta pedagógica", deixando claro que ela precisa definir os objetivos de sua atuação e colocar em execução esse desejo educativo, não se limitando a promessas ou intenções expostas no papel. A constatação de que a realidade escolar é dinâmica e depende da interação de sua comunidade traz sentido à elaboração do PPP, que é entendido não apenas como um mero documento exigido pela burocracia e administração escolar, mas como registro de significados a serem criados de maneira articulada ao processo de ensino-aprendizagem, demandando, portanto, tomadas de decisão e acompanhamento de ações. Desse modo, podemos compreender o PPP como um documento que atravessa o cotidiano escolar, o que significa que ele não deve ser restrito ao estatuto de arquivo. Sendo um documento que registra e interfere na estrutura escolar, ele precisa se manter atualizado em conformidade com as mudanças que se delineiam no cotidiano escolar. Essa é uma forma de assumir o compromisso com uma escola de todos, por todos e para todos. Faz-se necessário compreender, assim, o PPP como um horizonte de possibilidades que imprime uma direção nos caminhos a serem percorridos pela escola.

O caráter coletivo e a necessidade de participação de todos são inerentes ao PPP, pois se trata de um documento norteador das ações da escola que, ao mesmo tempo, oportuniza um exercício reflexivo do processo para a tomada de decisões. Quais são, assim, as diferenças e semelhanças entre um Projeto político-pedagógico e um projeto intercultural? A diferença essencial entre eles é o fato de um PPP ser, em princípio, mais amplo em seus objetivos e ações. Além disso, a cultura pode ser um aspecto secundário em um PPP, enquanto é o aspecto estruturante e central de um projeto intercultural.

Em termos de semelhanças, um projeto intercultural é tão político quanto um PPP. O termo *político* é visto com desconfiança em muitos contextos por duas razões: uma compreensível e outra questionável. A razão compreensível é o descrédito da classe política em conexão com a corrupção e a falta de engajamento em lutas por justiça social, desenvolvimento sustentável, dentre outras pautas contemporâneas. A afirmação questionável seria que devemos despolitizar a educação e limitá-la a uma estrutura técnica. É o que está acontecendo no Brasil com os promotores da chamada Escola Sem Partido.[53] No entanto, a educação tem, por definição, um objetivo político que se pode resumir no questionamento: que tipo de cidadão deseja formar e para qual sociedade? Esta é a questão central da escola. A resposta a essa pergunta deve ser uma construção coletiva e é política por princípio.

Da mesma maneira, o projeto intercultural exige a formação de um consenso em torno da importância da diversidade e da valorização das diferenças, baseando-se, pois, em princípios e conceitos claros. A comunidade escolar precisa se identificar com os pressupostos interculturais se quiser garantir um impacto efetivo para o projeto. O princípio de um projeto intercultural não é, portanto, o equilíbrio de poderes e opiniões, mas a força

---

53 FERNANDES, L.; FERREIRA, C. O movimento escola sem partido: ascensão e discurso. *Humanidades em diálogo*, 2021.

da convicção e da unidade em torno de objetivos comuns. A proposta de um projeto educacional intercultural é interferir no cotidiano da escola com o objetivo de valorizar os grupos historicamente excluídos, desfavorecidos e injustiçados. Reconhecendo a importância dos debates políticos nacionais e globais, um projeto intercultural deve permitir agir tanto na escola quanto na comunidade.

Por um currículo intercultural e inclusivo

Um currículo que contemple a diversidade e estimule a participação de todos envolve a apropriação de temáticas relativas à cultura local e a articulação com temas mais amplos e globais. Relacionar o conhecimento curricular com a vida é um exercício interdisciplinar que se traduz em um currículo instigante para todos. A título de exemplo, podemos mencionar a importância de integrar ao currículo questões referentes à sustentabilidade, à habitação, aos deslocamentos de povos, à saúde, à ecologia, às fontes de energia, às artes, ao mundo do trabalho, à política etc. Esses temas podem gerar projetos interculturais muito frutíferos por sua relevância local e global.

É importante destacar que a escolha e o planejamento dos assuntos a serem trabalhados em um projeto intercultural requerem a participação dos alunos e a colaboração entre os professores dos diversos campos do saber. Sabe-se que o pensamento crítico e criativo é mais facilmente estimulado quando estamos em contato com pessoas de universos diferentes, pois há intercruzamento de olhares, de ideias, de opiniões além de enriquecimento das discussões com forte potencial de desconstrução de paradigmas educacionais e culturais excludentes.

No contexto escolar brasileiro, muitas vezes o calendário letivo da educação básica (da educação infantil ao ensino médio) tem forte influência das efemérides (datas comemorativas nacionais) em grande parte atribuídas a festividades religiosas ou à homenagem a grupos minoritários em termos de poder e representatividade social (dia internacional da mulher, dia da consciência negra, dia do índio etc.). No entanto, uma discussão consequente sobre as culturas, as lutas, as opressões e os avanços desses grupos sociais precisa ser feita transversalmente e de maneira integrada ao currículo. Como exemplo de uma postura educacional que de fato integra os saberes e contribuições de grupos constitutivos da cultura brasileira, mas historicamente excluídos de real participação, podemos citar a incorporação da temática afro-brasileira ao currículo escolar por meio da Lei nº 10.639/2003. As *Diretrizes curriculares para a educação das relações étnico-raciais e para o ensino de história e cultura afro-brasileira e africana*[54] advindas dessa lei contribuíram para problematizar o processo de folclorização das culturas e das histórias africanas e afro-brasileiras que antes eram abordadas apenas nas efemérides e não raras vezes reduzidas a apresentações de dança ou música. No entanto, sabemos que uma obrigação instituída por lei nem sempre é cumprida de forma crítica, de modo a incluir os conhecimentos e saberes desses povos. Ainda estamos submersos em uma sociedade que mantém o racismo velado e institucionalizado à população negra.[55]

Em sociedades marcadas pela desigualdade e pela exclusão, escolas comprometidas com projetos interculturais têm muito a contribuir com as mudanças urgentes e necessárias. Contribuições dessa natureza podem ser elencadas em diferentes níveis. Primeiro, problematizando as situações históricas e culturais que corroboram com a condição de desigualdade de alguns grupos.

---

54 BRASIL. Ministério da Educação/Secad. *Diretrizes curriculares nacionais para a educação das relações étnico-raciais e para o ensino de história e cultura afro-brasileira e africana na educação básica*, 2004.

55 SANTIAGO, M.; AKKARI, A. Op. cit.

Segundo, desnaturalizando situações de preconceito que costumam ser minimizadas, como piadas e ausência de representatividade em determinados grupos em papéis e espaços sociais valorizados. Terceiro, reforçando que uma sociedade realmente democrática é constituída por diferentes grupos e que não é aceitável a ausência ou sub-representação de determinados grupos nas instâncias decisórias e de poder, principalmente em um país dito democrático. Assim, as mudanças aplicadas em uma escola e em seu projeto pedagógico terão consequências nas esferas íntimas, familiares e comunitárias.

Porém, frente a todos esses desafios, como iniciar um projeto intercultural na escola? Como dissemos, o primeiro passo é sempre abrir a escuta às pessoas que se sentem invisibilizadas socialmente. É preciso identificá-las, ouvir e considerar suas reivindicações, incômodos e anseios com cautela e acolhimento para que não se sintam expostas. A partir daí, a proposta intercultural que nascerá será resultado de um esforço conjunto, visando à participação de todos de forma mais democrática para a construção de um espaço onde diversos grupos sociais possam ser ouvidos e valorizados em suas identidades.

É importante ressaltar, por fim, que essa formação cidadã faz parte de uma educação que contempla os conteúdos curriculares científicos de maneira integrada e significativa. Por sua natureza contextualizada, uma proposta intercultural contribui para uma visão ampliada e crítica do mundo, dando sentido a todos os conteúdos curriculares.

Síntese

Neste capítulo, buscamos relacionar a interculturalidade com o processo de inclusão na educação. Essas propostas consideram fundamental identificar as barreiras de acesso e participação por meio de um diagnóstico institucional para então criar estratégias de transformação das realidades que limitem a participação de todos no espaço escolar. Reconhecer, portanto, a diversidade que compõe o coletivo de uma escola é a premissa fundamental para iniciar um projeto intercultural.

Outro aspecto que evidenciamos foi a importância do PPP como um documento que traduz a organização e o compromisso da escola com a comunidade ao mesmo tempo que é alimentado por ela. Muito mais do que mera tarefa burocrática, o PPP tem a dimensão política de potencializar as culturas e práticas institucionais. Assumir o PPP como um documento que expressa os anseios da comunidade com a escola que se deseja construir é, por si só, um avanço que demonstra o nível de participação social e a identidade institucional da escola.

Ao reconhecer a diversidade cultural da escola e considerar o PPP como um compromisso entre escola e comunidade, as ações preconizadas por um projeto intercultural potencializam também a possibilidade de revisar o currículo escolar ao considerar a diversidade das culturas locais e motivar novos processos de ensino-aprendizagem pelas aproximações e releituras das realidades observadas nas ações colaborativas de criação e implementação da proposta intercultural.

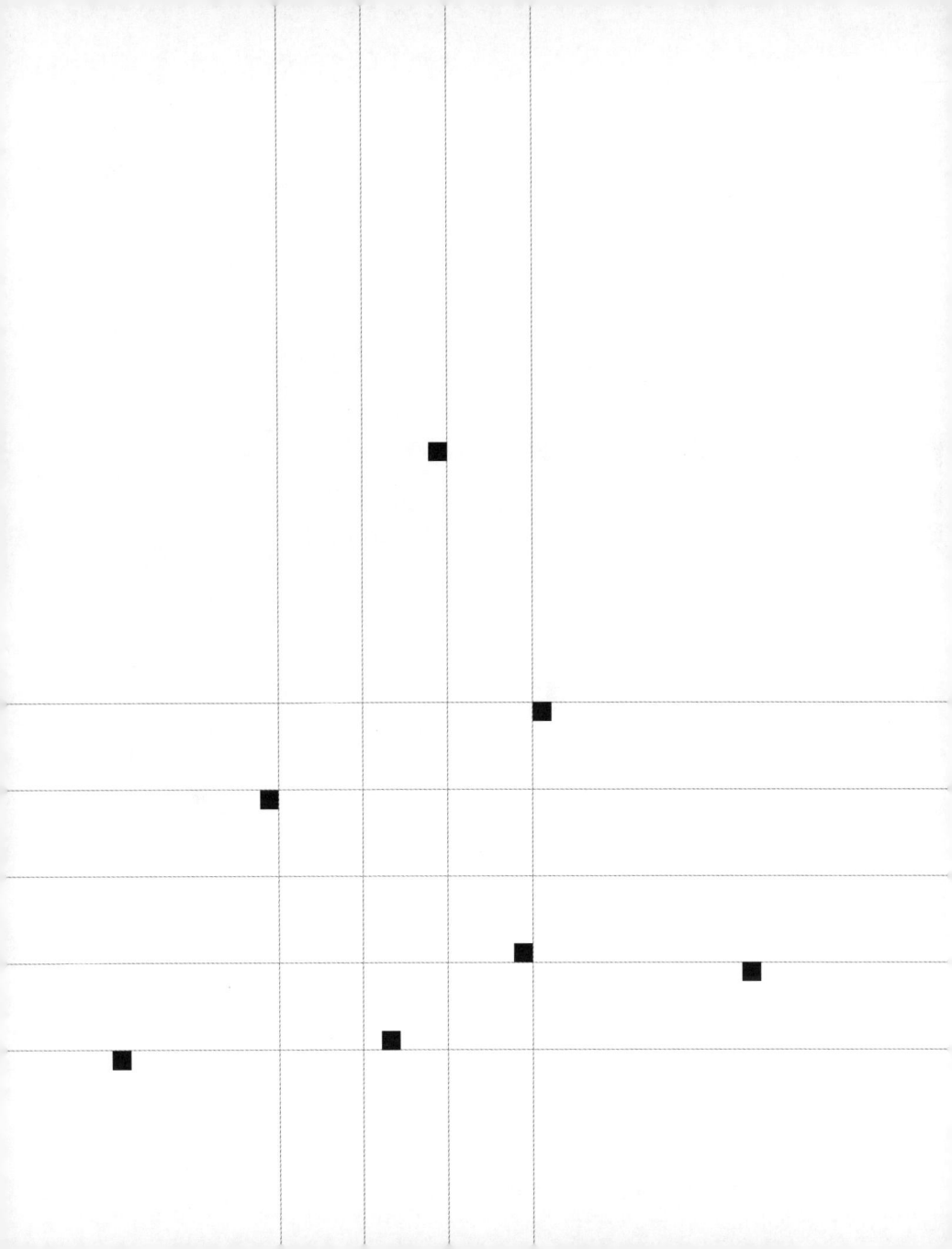

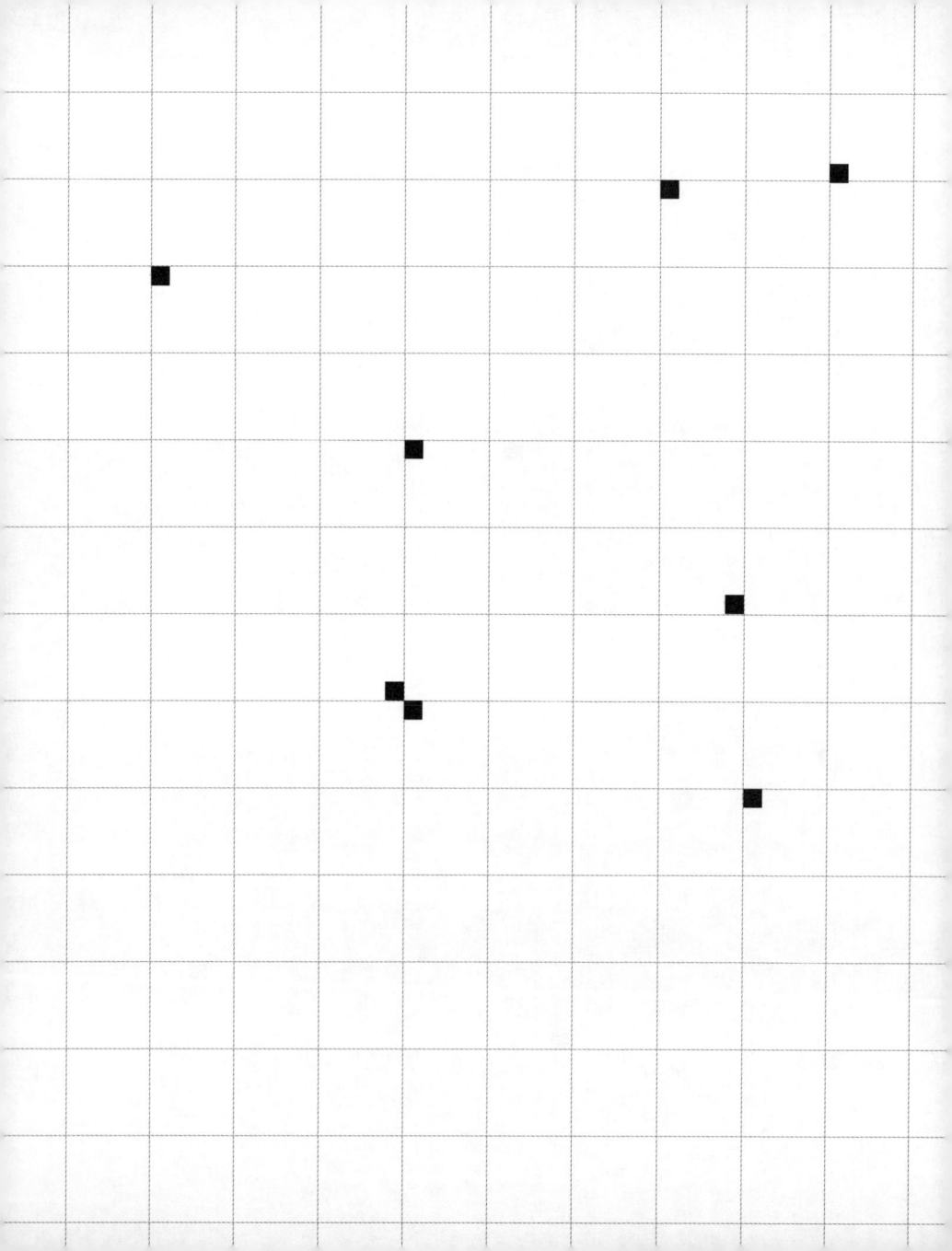

3 O processo de construção de propostas interculturais

Introdução

Neste capítulo apresentaremos algumas possibilidades metodológicas para a construção coletiva de temas que podem integrar um projeto intercultural. Já dissemos que a legitimidade de um projeto intercultural advém do reconhecimento, por parte de toda a comunidade escolar, da existência de barreiras que impedem a participação e a aprendizagem de todos os estudantes. Vimos ainda que uma proposta intercultural é também uma proposição de inclusão de grupos sociais historicamente discriminados ou invisibilizados no cotidiano escolar. Por isso, é fundamental que as temáticas a serem trabalhadas em um projeto sejam construídas e reconhecidas coletiva e horizontalmente. Uma forma de efetivar essa participação conjunta no reconhecimento e enfrentamento das situações de exclusão é usar a *técnica da árvore de problemas* para a coleta de informações junto à comunidade escolar. Trata-se de uma técnica propositiva que favorece identificar situações-problema que precisam ser modificadas, permitindo a construção de objetivos a serem assumidos de modo coletivo. A árvore de problemas parte da identificação da ideia principal de um desafio da comunidade escolar, buscando diferenciar fatores que são causas e fatores que são consequências daquele problema identificado. Com isso, a metodologia permite a delimitação coerente dos objetivos solucionadores para as causas do problema e não para as consequências, isto é, a árvore é utilizada como forma de se focar no problema e em suas verdadeiras causas e não na minimização de suas consequências ou efeitos.[56]

---

56 ORIBE, C. Diagrama de árvore: a ferramenta para os tempos atuais. *Banas Qualidade*, 2004.

Dos problemas aos objetivos: a metáfora da árvore

O diagrama da árvore, elaborado por Claudemir Oribe, pode ser uma técnica ou ferramenta para auxiliar na visualização das fases de construção de um projeto intercultural. Apresentamos a seguir os passos para a construção de árvores de problemas e objetivos.[57]

Construção coletiva de ideias
A comunidade escolar pode ser dividida em diferentes equipes para pensar e identificar situações-problema a serem enfrentadas. Reconhecidos os problemas, será preciso compreender como atuar para encará-los, buscar soluções possíveis e diminuir os efeitos desses problemas de maneira a garantir a integração dos estudantes. Um modo de chegar a esse consenso é usar a citada técnica da árvore. A ideia é que as equipes desenhem uma árvore para cada problema identificado:

- O **tronco** da árvore será o **problema** identificado pelo grupo, sendo desenhado no centro de uma folha de papel.
- A **copa** da árvore serão as consequências desse problema, desenhadas nos galhos e folhas que crescem a partir do tronco.

---

57 Ibidem.

- As **raízes** da árvore representarão as **causas**, razões ou fatores que geram o problema. É justamente aí que o projeto intercultural deve atuar.

A árvore de problemas permite, assim, a visualização das relações entre causa e consequência dos problemas. Continuando a explorar a metáfora da árvore, passaremos da *árvore de problemas* à *árvore de objetivos*,[58] visando à solução de problemas e à modificação das situações não desejadas por meio da definição de alternativas de intervenção para o projeto intercultural. Nesse processo de construir objetivos de atuação a partir dos problemas identificados, os desafios são convertidos em possibilidades, ou seja, cada causa do problema identificado será substituída por um objetivo a ser alcançado.

A técnica da árvore como metáfora para identificar problemas, consequências e causas e definir objetivos de atuação para o enfrentamento das situações geradoras é uma metodologia que permite a participação e o envolvimento de diversos grupos da comunidade escolar no processo de construção e implementação

---

58 UNIVERSIDADE Federal de Santa Catarina. *Planejamento na Atenção Básica.*

de um projeto intercultural. A imagem da árvore dá visibilidade tanto às causas e aos efeitos da situação-problema apresentada, como favorece a construção de possibilidades de intervenção por meio da conversão dos fatores gerados da situação-problema em objetivos a serem alcançados pelo projeto intercultural. Para que isso aconteça, é preciso que, durante o processo de construção das árvores de problemas e objetivos, a equipe envolvida no projeto se empenhe no conhecimento aprofundado da realidade-objeto da intervenção, pesquisando sobre ela e analisando-a. Daí a importância da elaboração prévia de um diagnóstico com o propósito de evidenciar as barreiras mais relevantes para a comunidade escolar, bem como as possibilidades de intervenção no processo de planejamento do projeto.

Trajetória do projeto
Todo projeto intercultural precisa ser concebido como sendo um ciclo que começa com a identificação de uma situação-problema que impede a participação efetiva de todos os estudantes e termina com a eliminação das barreiras que causam a exclusão ou discriminação de determinados grupos – ou, ao menos, com propostas para o enfrentamento dos fatores que geram a exclusão. Dessa maneira, um projeto atua e transforma a realidade da

escola de modo a gerar até novas necessidades e demandas que se desdobrem em novos projetos.

Para compreender melhor o caráter cíclico de um projeto intercultural, é necessário recorrer, inicialmente, à própria definição de *projeto*. Para nossos propósitos, a conceituação proposta pela UNESCO é bastante relevante, sendo considerada uma "tarefa planejada que consiste em várias atividades associadas no nível local por um período específico."[59] Essa sequência de atividades levaria à construção de um ambiente sempre atento a novas barreiras, criando-se, assim, um ciclo de projetos no qual a intervenção em um problema iluminaria e possibilitaria a intervenção em outros. Com base nisso, apresentamos a seguir os seis estágios do ciclo de desenvolvimento de um projeto intercultural, ressaltando que seu caráter cíclico está fortemente relacionado com o contínuo processo de avaliação e monitoramento das ações e de suas etapas. Embora o projeto seja intencionalmente planejado, é importante considerar que quaisquer etapas podem ser modificadas e estruturadas em seu processo de desenvolvimento.

1. **Programação**: a partir de uma barreira, ou uma situação-problema vivida no ambiente escolar, uma estratégia geral do

---

59 UNESCO. *D'une bonne idée à un projet réussi*, 2000, p. 8.

projeto é estabelecida em conexão com o contexto local, nacional e internacional. Isso implica aceitar uma série de objetivos para um país, região ou setor no qual projetos singulares possam ser propostos e executados.

2. **Identificação**: avaliam-se os problemas e necessidades de uma determinada população e geram-se ideias sobre como resolvê-los. Isso pode acontecer por meio de uma consulta com potenciais beneficiários, com o uso das técnicas do ciclo do projeto, como a análise da árvore de problemas. A identificação é influenciada pela pressão e pela necessidade dos grupos.

3. **Desenho***:* os objetivos do projeto são desenvolvidos em planos operacionais que podem ser avaliados usando certos critérios (por exemplo, viabilidade, sustentabilidade, levando em consideração a dimensão de gênero etc.). Os critérios incluídos dependerão, em grande parte, da fonte e da natureza do suporte necessário.

4. **Implementação***:* as atividades planejadas são realizadas enquanto se monitora constantemente o progresso associado aos objetivos gerais e específicos do projeto. Muitas vezes, é necessário fazer ajustes nos planos originais em resposta a imprevistos.

5. **Apoio***:* procura-se assistência de diferentes tipos para o projeto – apoio financeiro, apoio político, apoio de organizações

parceiras etc. A obtenção do apoio necessário geralmente envolve negociações e pode resultar em mudanças substanciais no próprio desenho do projeto.

6. **Avaliação:** o grau de sucesso/fracasso do projeto é avaliado de acordo com seu impacto sobre as partes interessadas e a consecução de seus objetivos. Nesta etapa, as lições aprendidas durante o projeto são examinadas. Essas informações são retornadas na fase de programação para inspirar o planejamento de projetos futuros.

Questões a serem verificadas antes de iniciar um projeto, que podem ser inseridas na fase de Programação:

1. Alguém já trabalha em um projeto com a mesma problemática?
2. Quem são as partes interessadas envolvidas (líderes do projeto, autoridades locais, familiares, alunos etc.)?
3. O que as partes interessadas desejam alcançar?
4. O que interessa a cada parte interessada?
5. Como o trabalho de cada parte interessada deve ser feito?
6. Quais recursos são necessários?
7. Quem poderia apoiar essa ideia?
8. Quando o projeto deve ser lançado?

Sugestão de roteiro para planejamento de um projeto intercultural em contextos educacionais:
- Identifique os participantes interessados no projeto e quem você deve envolver para garantir o sucesso: alunos, professores, familiares, gestores, consultores educacionais, líderes comunitários, políticos, moradores, pesquisadores, sociedade civil e outros.
- Defina o escopo e a amplitude do projeto, dividindo as atividades para facilitar a implantação.
- Estabeleça o orçamento e/ou os recursos necessários.
- Avalie o tempo que você tem para realizar o projeto.
- Identifique os riscos.
- Defina o processo de monitoramento/avaliação.
- Promova o esclarecimento de ideias.

Planejamento coletivo e participativo
Lembre-se de que a principal característica de um projeto intercultural é a participação dos diferentes grupos. A diversidade e a coletividade do diagnóstico e do planejamento de cada etapa são importantes para o processo de implementação, continuidade e transformações desejadas.

- Participação de todos os professores e planejamento de diálogos ou rodas de conversas em torno do projeto (texto longo do projeto).
- Participação dos alunos.
- Participação dos funcionários da instituição (cozinha, limpeza, biblioteca, secretaria etc.).
- Participação da Secretaria de Educação e da sociedade civil (associações cívicas e religiosas, grupos filantrópicos e culturais etc.) (um breve texto informativo).
- Participação das famílias e da comunidade (um pequeno texto informativo).
- Planejamento de um evento para informar à comunidade educacional sobre o lançamento do projeto.
- Possibilidade da produção de um *site* ou inclusão do projeto nas redes sociais.

Escrita da proposta inicial

- Formar uma pequena equipe dentro da escola. O apoio da direção é decisivo, mas também a visão de uma pessoa externa à instituição pode ajudar.
- Escrever um projeto significa produzir um documento simples que apresenta os objetivos, as atividades planejadas, as

responsabilidades, o orçamento, os recursos e o cronograma. É um documento para consulta e informação de toda a comunidade escolar sobre o projeto.

• A redação inicial do projeto deve estar a cargo de um pequeno grupo, pois nunca é apropriado deixar essa responsabilidade com apenas uma pessoa, nem com um grupo muito extenso para garantir a coerência do documento.

Seleção de objetivos

Um projeto nasce do desejo de mudança. O que queremos mudar e para quê? Essas perguntas iniciais revelam que um projeto surge de um incômodo com a realidade atual e também da crença de que a mudança é possível. Ao selecionar os objetivos do projeto é preciso ser realista no sentido de conhecer o que existe (a realidade) e o que se deseja (as intenções e a busca por transformações).

Em geral, para garantir a qualidade de um projeto e sua implementação efetiva, é essencial um trabalho significativo no momento de elaboração da proposta. É necessário que haja clareza sobre os objetivos do projeto, que primeiro correspondem a uma identificação e análise das necessidades. De fato, é desnecessário dizer que um projeto se origina nas necessidades de inclusão e participação identificadas por um conjunto de participantes no contexto educacional. Nesse sentido, é preciso se perguntar: quais problemas específicos no campo da educação desejam-se superar com o projeto? É preciso também questionar a necessidade de existência de mais um projeto na escola. Se outros que tratam do mesmo problema já existirem, é melhor fortalecê-los.

Cultura discente em foco

Um projeto escolar é caracterizado pelo desejo de colocar as diferentes culturas que formam a escola no centro do sistema educacional, reconhecendo a autonomia essencial de seus participantes. Além disso, o projeto intercultural:

• desenvolve o envolvimento efetivo do corpo docente e da comunidade educacional;

• serve como um instrumento de coerência dentro da escola e da rede educacional local e com os vários parceiros envolvidos;

• coordena e integra todas as ações destinadas a melhorar a qualidade da educação para todos;

• possibilita expressar as necessidades de treinamento e apoio das equipes de ensino.

Cronograma

Tem como função prever a duração de cada etapa de desenvolvimento do projeto. As ações a serem realizadas podem ser especificadas, assim como os responsáveis por seu desenvolvimento. O cronograma auxilia na estruturação e organização do projeto. Aspectos a serem considerados:

- A importância do diagnóstico antes de iniciar um projeto.

- Encontrar uma "estratégia intermediária": entre querer revolucionar tudo, por um lado, e contentar-se com o que já estamos fazendo, por outro, é sem dúvida mais sensato escolher uma opção intermediária. É também uma maneira de evitar a resistência à mudança. Portanto, é aconselhável fornecer sutilmente uma maneira flexível e intermediária de gerenciar a tensão entre continuidade e ruptura.

- É melhor ter algumas prioridades que realmente serão executadas do que uma infinidade de boas intenções não realizadas.

- Garantir a maior participação possível: quanto mais pessoas se envolverem nas diferentes etapas do projeto, maiores serão as chances de alcançar seus objetivos.

Para facilitar o desenvolvimento dos objetivos, é possível focar nas seguintes perguntas para cada um deles:

- Específico: permite prever uma ação simples?
- Mensurável: existem maneiras de verificar se o objetivo foi alcançado?
- Realizável: as etapas estão bem definidas?
- Realista: os recursos necessários estão disponíveis?
- Tempo: o objetivo é limitado no tempo?

Impactos de um projeto intercultural

Para consolidar as chances de sucesso de um projeto, pode-se usar uma estrutura chamada de Teoria da Mudança (*Theory of change*, ToC, em inglês). O objetivo dessa teoria é permitir às instituições que executam projetos que visualizem cada etapa, destacando todas as transformações, mesmo as pequenas: os resultados almejados, as estratégias, seus métodos de monitoramento e gerenciamento, bem como as principais premissas e riscos associados a cada etapa, além dos níveis de mudança propriamente ditos. A *Teoria da Mudança* permite, assim, refletir sobre um projeto em uma lógica de progressão em longo prazo. Trata-se também de entender as mudanças graduais e as atividades que as causam, levando em consideração os efeitos qualitativos de um projeto e destacando as mudanças nos participantes, em suas práticas, representações, relacionamento.[60]

Abordagens orientadas para a mudança

Abordagens que visam a algum tipo de mudança buscam acompanhar, além dos resultados concretos das atividades do projeto, as transformações qualitativas que ocorrem entre os membros da comunidade escolar. Tais transformações dizem respeito a mudanças de comportamento, relacionamento, organização, ação e conhecimento. Essas dimensões são difíceis de avaliar com ferramentas avaliativas convencionais, portanto, em outro momento, discutiremos mais amplamente sobre a avaliação do projeto.

Valorização e escuta de percepções subjetivas

Em um projeto pedagógico ou intercultural, o monitoramento das mudanças, na maioria das vezes, parte de depoimentos e observações que podem ser parcialmente subjetivos. Trata-se, portanto, de ouvir e dialogar, de forma organizada, com os participantes-chave do projeto pedagógico (professores, gestores,

---

60 FULLAN, M. Change theory as a force for school improvement. *Intelligent Leadership*, 2007.

alunos, funcionários) e seu ambiente sociocultural (famílias, comunidades, lideranças). Trata-se, também, de possibilitar múltiplos olhares no projeto e, assim, prestar atenção às pequenas e grandes mudanças iniciadas nesse contexto. Como a mudança é um processo, seu acompanhamento é feito ao longo do tempo, inclusive depois que o projeto se encerrar. Para tornar as mudanças observadas mais tangíveis, a busca por um equilíbrio entre depoimentos individuais e/ou coletivos e indicadores mais objetivos (como taxa de sucesso escolar, diminuição da violência, diminuição da taxa de evasão escolar) é essencial. Esse equilíbrio é feito por sucessivas tentativas e erros, à medida que as fases do projeto avançam e com a análise coletiva das mudanças.

Análise coletiva das mudanças

Em um projeto intercultural, cada participante evolui de forma singular e progressiva, de acordo com pequenos passos que às vezes são difíceis de definir. Para monitorar as mudanças é importante envolver os participantes no processo, especialmente porque cada um tem sua própria percepção do que está mudando e sua própria apreciação sobre as mudanças. A questão, então, é quem associar, e quando, para que a participação seja sustentável e gratificante. É preciso, porém, ter um foco especial nas equipes de ensino.

Equipes de ensino em foco

Nossas experiências em Projetos político-pedagógicos nos levam a assumir que os professores devem estar plenamente envolvidos. É importante permitir a eles que sejam parte integrante dessa elaboração e continuem sendo protagonistas de sua prática. Reconhecer isso pode mudar a postura da gestão escolar e tornar o projeto cada vez mais legítimo perante toda a comunidade escolar. Isso pode produzir coerência global, valorizando o trabalho realizado por professores que devem se conscientizar de serem ativos na mudança. Em muitos sistemas de ensino, espera-se mudança na educação de cima para baixo (Ministério da Educação, Secretaria Municipal de Educação, organizações internacionais). No entanto, acreditamos que essa expectativa de mudança macrossocial é insuficiente ou estéril se não for acompanhada de pequenas mudanças no cotidiano da escola.

Reconhecimento das pequenas mudanças

Na implementação de um projeto, quando se está no calor da ação, pode se perder de vista seus objetivos. Sem objetivos à vista, as atividades realizadas isoladamente não despertam interesse. Mas elas se ampliam quando se constrói conjuntamente um projeto pedagógico por meio da análise de atividades com propósito, criando vínculo entre os participantes e estimulando seu engajamento. Já os resultados do projeto podem ser observados ao longo do caminho ("o caminho se faz caminhando"), de forma contínua, não sendo traçados *a posteriori* sob o risco de contar uma história que foge à realidade.

Acompanhar as mudanças que surgem na comunidade ao longo de um projeto pedagógico é contar coletivamente a história de uma série de processos de mudança progressiva. Essas mudanças dizem respeito aos participantes considerados essenciais para a ação em curso. No entanto, cada participante de um projeto evolui de maneira singular e progressiva, de acordo com pequenos passos que, às vezes, são difíceis de reconhecer, embora de suma importância para uma percepção dos impactos do projeto.

Mas por que, então, focar na dimensão coletiva se os participantes individualmente são tão relevantes? Em um projeto, cada participante tem sua própria percepção do que está mudando e sua própria apreciação das mudanças. Nem todos vemos as mesmas mudanças. Uma mudança pode parecer positiva para uma pessoa e negativa para outra; importante para um, inofensiva para outro. Por isso, é fundamental cruzar os pontos de vista dos participantes sobre uma situação, ou seja, a partir da vivência individual de cada um formar o mosaico que dá origem à coletividade. Além disso, se a dimensão coletiva vai de uma lógica de consulta e participação para uma lógica de colaboração, então o monitoramento e a avaliação do projeto podem contribuir significativamente para o poder de ação dos participantes.

Questionamentos das hipóteses iniciais
Ao se iniciar um projeto intercultural, os idealizadores partem de ideias pré-concebidas sobre os desafios que encontrarão no processo e também sobre os possíveis resultados. Essas são as hipóteses iniciais. E assim como faz um pesquisador em sua pesquisa, os participantes de um projeto pedagógico também devem questionar suas hipóteses. Isso deve ocorrer pois, muitas vezes, é com base em experiências individuais que as hipóteses são formuladas, levando o direcionamento do projeto e suas ações sob um possível viés subjetivo. Cada um tem seus próprios pressupostos quando se trata de pensar uma ação pedagógica ou educativa, mas é somente na coletividade que as potencialidades de um projeto podem ser alcançadas. Assim, é preciso fazer o exercício de questionar as hipóteses iniciais para que elas não partam apenas de um olhar individual, mas, antes, estabeleçam um diálogo entre os organizadores para que cada um exponha e

explique suas ideias. Com isso todos passarão por um exercício de reflexão e triagem dessas expectativas, levando o projeto para um caminho mais amplo e democrático. Este é um exercício que pode ser feito no início do projeto, ao se definirem a visão e os caminhos da mudança.

Síntese

Neste capítulo, buscamos demonstrar que a identificação de problemas é um requisito relevante para a construção de proposições que sustentam um projeto intercultural. Quais barreiras à aprendizagem e à participação de todos são evidenciadas? Quem sofre algum tipo de exclusão ou discriminação? O que pode ser melhorado para que todos tenham sucesso? Perguntas como essas e outras tantas que merecem respostas em cada contexto escolar são elementos essenciais para a construção de um projeto intercultural que envolva toda a comunidade escolar.

Apresentamos um possível ciclo de projeto para sugerir ideias que auxiliarão na produção do projeto e na escolha dos objetivos a serem alcançados. As ideias aqui apresentadas não assumem caráter prescritivo, mas servem como ponto de partida para que cada instituição, formada por diferentes participantes, discuta e crie propostas inovadoras que possam responder a realidades que clamam por transformações.

Assumimos a cultura discente como principal elemento para promover mudanças nos espaços escolares. Um projeto intercultural permite dar sentido às atividades oferecidas e às ações do cotidiano escolar, como também auxiliar na construção das abordagens pedagógicas dos professores. Outra fase muito importante na construção do projeto é o diagnóstico das mudanças que ocorrem na comunidade, que deverá ser feito de maneira individual e coletiva paulatinamente ao longo do processo.

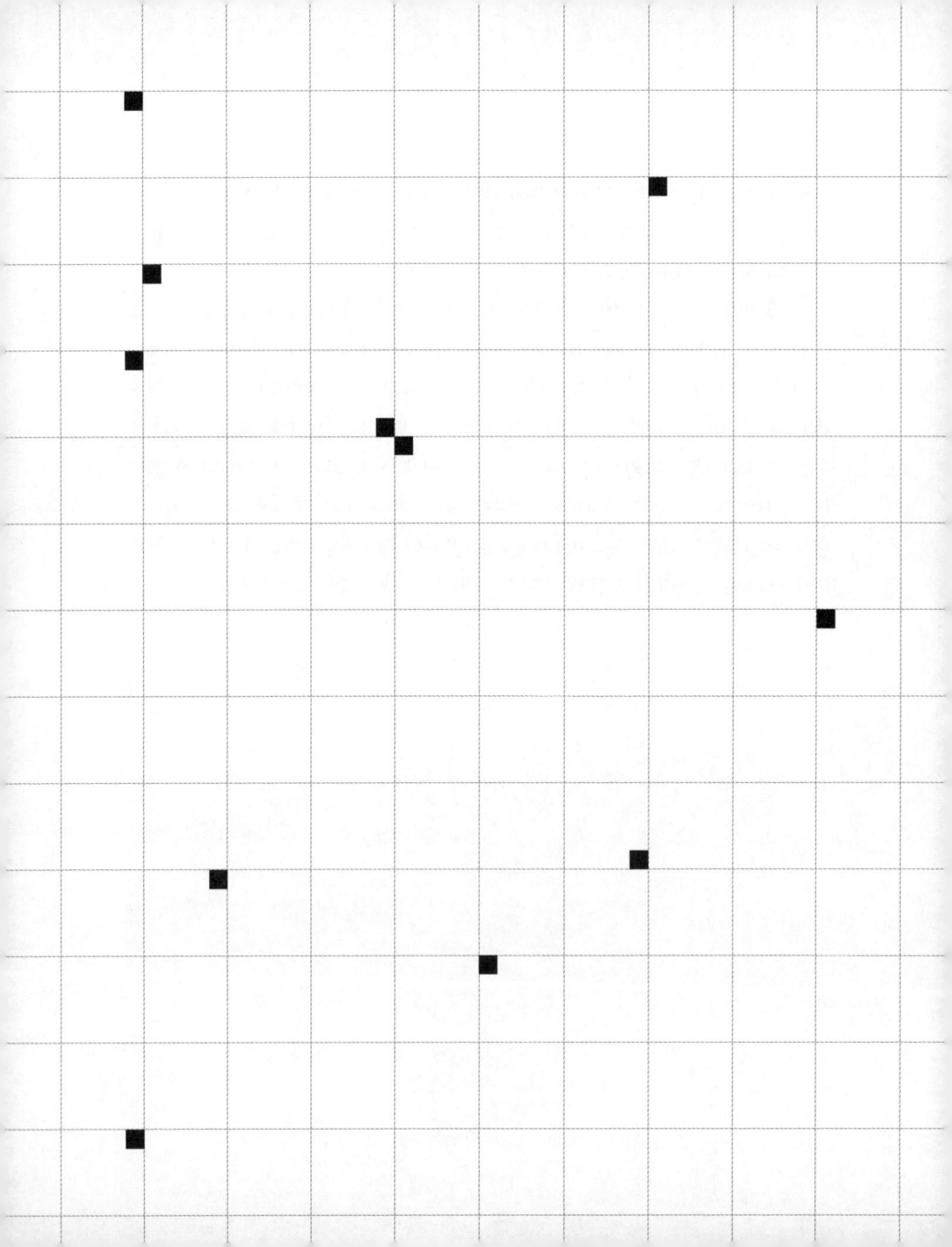

4 Como elaborar um projeto intercultural na prática

Introdução

Neste capítulo, apresentaremos passo a passo como elaborar um projeto intercultural. Em caráter ilustrativo, apresentaremos alguns projetos interculturais a serem reinventados no contexto de cada escola. Como dito anteriormente, é indispensável que haja participação de todos os membros da comunidade escolar na elaboração, avaliação e monitoramento; participação com direito a voz e possibilidade de tomada de decisão. O monitoramento e a avaliação são elementos centrais no desenvolvimento de um projeto intercultural. A cada etapa do processo é necessário avaliar se as atividades e ações desenvolvidas estão de acordo com as proposições previamente pactuadas. A etapa seguinte sempre estará relacionada com o que foi alcançado na etapa anterior e com aquelas ainda em desenvolvimento. O processo de monitoramento e avaliação de cada etapa do projeto garante o sucesso do trabalho, que pode ser traduzido pela participação coletiva, negociação contínua de novas etapas e arranjos para a continuidade do projeto, de modo a redefinir objetivos e ações conforme análise e decisão dos interessados.

Participantes e recursos

Um projeto intercultural envolve os diversos membros da comunidade escolar e, às vezes, também da comunidade local. Na perspectiva intercultural, os participantes são também entendidos como recursos para o projeto, já que todo cidadão, como produtor de cultura, tem condições de contribuir e de construir um projeto coletivo a partir de suas vivências e bagagem cultural. Um projeto com base intercultural não estabelece hierarquias *a priori* e é importante que cada grupo participe e contribua de acordo com suas atribuições conforme seu papel na instituição.

- **Estudantes**: sujeitos participantes e ativos nesse projeto. Colaboram na formulação das temáticas, na realização de atividades previamente definidas e assumidas, na produção de conhecimento e ações no escopo do projeto.
- **Famílias**: participam na escolha de temáticas. Acompanham e apoiam as atividades e ações a serem realizadas pelos estudantes, podem desempenhar também um papel importante no processo de monitoramento e avaliação.
- **Servidores da escola**: todas as pessoas que estão na escola participam e contribuem por meio de suas narrativas, vivências, visão de mundo, conforme suas possibilidades e desejo de participação em cada etapa de desenvolvimento da proposta.
- **Professores**: participam da elaboração e formulação da proposta, elaboram junto aos alunos as atividades e ações a serem desenvolvidas e participam do registro, monitoramento e avaliação da proposta.
- **Diretores**: articulam e viabilizam a participação, oferecem condições concretas para a elaboração, implementação, monitoramento e avaliação do projeto.
- **Bairro**: o contexto local da escola é elemento central para a elaboração de um projeto intercultural. Quem são as pessoas

da comunidade? Quais recursos e áreas coletivas são disponibilizados? Que problemas são identificados? Quais são as lideranças comunitárias? Quais as religiões e os templos religiosos existentes? Além de outras práticas culturais relevantes a serem identificadas.

• **Município**: uma proposta intercultural requer conhecimento do contexto do município para que se possa extrair elementos culturais e históricos que possam servir de base para a elaboração do projeto intercultural.

Implementação e acompanhamento

A implementação do projeto é uma das etapas mais delicadas de uma proposta educativa intercultural. Mesmo que a equipe tenha elaborado um ótimo projeto, é na fase de implementação que ela descobrirá os desafios e as dificuldades para a realização dos objetivos pactuados. Por isso, a implementação deve ser realizada com um suporte que contribua para encontrar soluções para os problemas enfrentados. Cinco princípios básicos podem garantir a qualidade desse apoio:

1. **Escuta**: recolher opiniões dos envolvidos e dos beneficiários do projeto.
2. **Consulta**: colher apreciações sobre os bloqueios no projeto de modo mais formal.
3. **Participação**: envolver as partes interessadas nas decisões relacionadas à implementação.
4. **Discussão**: debater questões que emergem do projeto.
5. **Conselho**: obter recomendações concretas.

Monitoramento

Criar ferramentas para acompanhar o processo de implementação do projeto é uma ação importante. No contexto educacional, tendemos a olhar o monitoramento com desconfiança, pois essa prática é confundida com controle administrativo ou burocrático, como uma simples cobrança. Uma maneira de minimizar essa sensação de um controle externo é fazer o automonitoramento, ou seja, nomear um pequeno grupo de coordenadores de projeto para que façam análises pontuais do andamento da implementação.

Parcerias e pesquisas

Um projeto educacional intercultural, seja em escola pública ou privada, pode ser objeto de parceria e fonte de pesquisa. Nossa experiência com projetos reais mostra que a parceria geralmente é celebrada entre a escola e movimentos sociais ou lideranças comunitárias. O projeto pode também encontrar parceria em uma universidade ou em outras instituições, como fundações e organizações da sociedade civil, que possam orientar e trazer novos olhares para as práticas escolares.

Uma parceria entre escola e movimentos sociais permite à escola ampliar seus horizontes e atuar em conjunto com a comunidade local. Essa abertura é ainda mais importante em um país como o Brasil, onde, por diversas razões, as escolas se veem isoladas da vida da comunidade que as rodeia. Ter a participação de movimentos sociais e culturais que representam a comunidade local envolvida em um projeto educacional é uma experiência que traz diversos benefícios para todos os envolvidos, tornando o processo de educação não a responsabilidade de uma única entidade, mas, sim, de todo um grupo de pessoas. Os estudantes têm a chance de serem reconhecidos, acolhidos e participarem ativamente da vida comunitária. Já em relação à pesquisa acadêmica, os projetos educacionais podem encontrar um bom apoio teórico e de reflexão e também oferecer a professores universitários e estudantes um trabalho em maior sintonia com a realidade dos educadores da escola básica.

Bases curriculares

Na busca pelo diálogo com professoras/es e gestoras/es sobre a importância da construção e vivência de um projeto intercultural no cotidiano curricular da escola, é importante também trazer reflexões sobre a estrutura teórica de um projeto alicerçado em uma situação real, que pode ser vivida em muitas escolas país afora. Já nos documentos oficiais, como os Parâmetros Curriculares Nacionais (PCNs) e a Base Nacional Comum Curricular (BNCC), encontramos temas importantes, os temas transversais – a saber: ética, saúde, meio ambiente, orientação sexual, trabalho, consumo, pluralidade e cultura –, que podem fazer parte do cotidiano escolar por meio de projetos afinados com o currículo. Os temas transversais presentes nos Parâmetros Curriculares Nacionais expressam conceitos e valores básicos à democracia e à cidadania e trazem questões urgentes para a sociedade contemporânea.

A ética, o meio ambiente, a saúde, o trabalho e o consumo, a orientação sexual e a pluralidade cultural são assuntos que permeiam todas as áreas do conhecimento e estão relacionados a situações vividas em sociedade pelas comunidades, famílias, alunos e educadores em seu cotidiano. Eles aparecem nos PCNs por sua urgência social e abrangência nacional. A proposta de trabalho a partir deles fomenta e integra as ações de um projeto intercultural de modo contextualizado interdisciplinar e transversalmente, criando uma possibilidade de intervenção na realidade da escola e seu entorno.

Em 2017, vinte anos após a publicação dos PCNs, foi lançada a Base Nacional Comum Curricular, que apresenta Temas Contemporâneos Transversais.[61] Enquanto os Parâmetros Curriculares Nacionais abordam seis temáticas, a Base Nacional Comum Curricular aponta seis microáreas temáticas, a saber: cidadania e civismo, ciência e tecnologia, economia, meio ambiente, multiculturalismo e saúde, englobando quinze temas contemporâneos "que afetam a vida humana em escala local, regional e global".[62]

---

61 BRASIL. Ministério da Educação. *Base Nacional Comum Curricular*, [2017] 2018.

62 Ibidem, p. 19.

Apresentados nos diferentes marcos legais da educação brasileira, esses temas podem guiar a escolha de um assunto a ser objeto de um projeto intercultural. Sem a pretensão de estabelecer comparação entre as temáticas e as propostas, identificamos nesses dois documentos um potencial significativo para a construção de um projeto intercultural que problematize nossas práticas educativas e sociais.

Já na Educação Infantil (0 a 5 anos), a BNCC estabelece campos de experiência que indicam as vivências fundamentais para que uma criança aprenda e se desenvolva em boas condições, a saber: O eu, o outro e o nós; Corpo, gestos e movimento; Traços, sons, cores e formas; Escuta, fala, pensamento e imaginação; Espaços, tempos, quantidades, relações e transformações. Os campos de experiências são, assim, propostas a serem consideradas nos projetos interculturais que envolvem noções, habilidades, atitudes, valores e afetos necessários às crianças para garantir os direitos de aprendizagem dos bebês e das crianças bem pequenas e pequenas.

Com o propósito de inspirar a construção de propostas interculturais relevantes nos diversos contextos escolares, contextualizamos a seguir cada etapa da elaboração de um projeto, sugerindo uma possível estrutura que contemple temáticas de relevância social e curricular partindo das temáticas transversais. Salientamos que essa proposta tem apenas caráter ilustrativo, não tendo sido pensada para nenhum contexto comunitário ou institucional específico.

Delineamento de projeto 1: Educação Infantil

TEMA	O eu, o outro e o nós: a brincadeira como fenômeno geracional e cultural
SITUAÇÃO- -PROBLEMA	(In)compreensão das famílias sobre o papel da brincadeira na Educação Infantil
PERGUNTAS PROBLEMATIZADORAS ÀS FAMÍLIAS	> Qual é a importância da brincadeira para o desenvolvimento infantil? > Como eram as brincadeiras no período de sua infância? Como são as brincadeiras agora? > As brincadeiras são as mesmas em todos os lugares ou variam conforme o espaço, o tempo e a cultura?
OBJETIVOS (dependem da duração e do nível de aprofundamento desejado)	> Reconhecer a brincadeira como uma oportunidade de desenvolvimento e aprendizagem na infância. > Conhecer a relação da brincadeira com os direitos de aprendizagem e desenvolvimento da criança: 1. conviver; 2. brincar; 3. participar; 4. explorar; 5. expressar; e 6. conhecer-se. > Analisar como, quando e se as crianças podem ter acesso a telas. > Valorizar a qualidade do tempo da criança com os familiares e a brincadeira como forma de interação.

AÇÕES (relacionadas aos objetivos e passíveis de redefinição pelos participantes)	> Realização de oficinas e rodas de conversa com as famílias sobre a importância da brincadeira no desenvolvimento infantil. > Observação de situações-brincadeiras que possibilitem o protagonismo e a expressão livre das crianças. > Orientação e produção de conhecimento junto aos familiares sobre as implicações da exposição a telas durante a infância. > Realização de uma linha de tempo ou produção de um mural com as brincadeiras realizadas pelos familiares na infância e aquelas vivenciadas pelas crianças atualmente. > Realização de atividades que envolvam a interação entre crianças e famílias.
PARTICIPANTES	Crianças, familiares e profissionais da escola.
RECURSOS	A serem definidos para atender a cada etapa do projeto. Cada item necessário (espaços, pessoas, materiais, tecnologias) precisa ser previsto para evitar a inviabilização de uma ação.
AVALIAÇÃO	Ocorre a cada ação realizada e viabiliza outras para dar continuidade ao projeto e garantir o atendimento dos objetivos. A avaliação pode implicar a alteração de objetivos e, consequentemente, das ações.
CRONOGRAMA	Previsão de datas e horários para cada ação do projeto.

Delineamento de projeto 2: Ensino Fundamental e Médio

TEMA	Educação para valorização do multiculturalismo nas matrizes históricas e culturais brasileiras
SITUAÇÃO--PROBLEMA	(Des)conhecimento sobre as relações étnico--raciais no contexto cultural e social
PERGUNTAS PROBLEMATIZADORAS (de acordo com a faixa etária e etapa da educação)	› Quais são as contribuições das populações negras e indígenas na cultura brasileira? › Existe racismo no Brasil? Como ele se manifesta? › Para que servem as cotas raciais de ingresso no ensino superior?
OBJETIVOS (dependem da duração e do nível de aprofundamento desejado)	› Conhecer as contribuições das populações negras e indígenas na cultura brasileira: arte, culinária, língua/idioma, religiosidade, festas populares e esportes dos diferentes povos. › Compreender situações de racismo no cotidiano. › Discutir as razões para a existência de ações afirmativas para determinados grupos no ensino superior.
AÇÕES INTERDISCIPLINARES (relacionadas aos objetivos e passíveis de redefinição pelos participantes)	› Realizar uma feira cultural para divulgar as contribuições das populações negras e indígenas na cultura brasileira. › Construir um mapa da diversidade no contexto local. › Conhecer as diferentes origens das pessoas da comunidade.

	> Pesquisar situações de racismo divulgadas na mídia e ocorridas na comunidade. > Conhecer indicadores sociais sobre a desigualdade no país. > Fazer uma pesquisa com a comunidade escolar sobre as cotas raciais e de renda para ingresso no ensino superior. > Realizar rodas de conversa para discutir aspectos favoráveis e não favoráveis às políticas afirmativas (cotas).
PARTICIPANTES	Estudantes, professores/as, gestores/as, familiares, funcionários da escola e demais interessados da comunidade escolar.
RECURSOS	A serem definidos para atender a cada etapa do projeto. Cada item necessário (espaços, pessoas, materiais, tecnologias) precisa ser previsto para evitar a inviabilização de uma ação.
AVALIAÇÃO	Ocorre de forma processual a cada ação realizada e viabiliza outras ações para dar continuidade ao projeto e garantir o atendimento dos objetivos. A avaliação pode implicar a alteração de objetivos e, consequentemente, das ações.
CRONOGRAMA	Previsão de datas e horários para cada ação do projeto.

Cada ação de um projeto intercultural pode se desdobrar em atividades interdisciplinares e propor aproximações com membros da comunidade que tenham experiência ou alguma conexão com o tema do projeto em conformidade com o contexto de cada instituição e com os objetivos que queiram alcançar. Para exemplificar desdobramentos possíveis no projeto 2:

1. **Influência árabe na Língua Portuguesa**: pesquisar palavras de origem árabe existentes na língua portuguesa para que os estudantes descubram e analisem palavras e seus significados. Exemplos de palavras de origem árabe: abricó, alcatraz, café, arroz, algodão, girafa, divã, berinjela, acelga, alfazema, javali, azul, álgebra, alfaiate, alambique, azeitona, damasco, tamarindo, limão, alquimia, álcool, álgebra, almirante, acerola, garrafa, cifra, espinafre, jasmim, recife, sofá, sultão.

2. **A presença dos povos originários na História, Geografia e Língua Portuguesa**: identificar no mapa do Brasil lugares geográficos (cidades, rios, montanhas) que tenham origem indígena; pesquisar o significado das palavras e analisar a importância da cultura indígena; organizar um evento na escola com a participação da comunidade para apresentação de pessoas de origem indígena.

Delineamento de projeto na sua escola

TEMA

SITUAÇÃO-
-PROBLEMA

PERGUNTAS
PROBLEMATIZADORAS

OBJETIVOS

AÇÕES

PARTICIPANTES

RECURSOS

AVALIAÇÃO

CRONOGRAMA

Convide colegas ou forme um grupo para exercitar o processo de construção de um projeto. Procurem refletir sobre as discussões apresentadas ao longo deste livro e os valores que devem estar presentes na elaboração de sua proposta. Lembre-se de que registrar por escrito, por fotografias ou vídeos as práticas escolares é importante para toda a comunidade, pois permite a construção de histórias que têm valor para cada indivíduo, para a coletividade e para a instituição.

Síntese

Ao abordar os estágios de elaboração de um projeto intercultural, buscamos articular os processos necessários para o planejamento dos recursos, o processo de monitoramento e as parcerias e pesquisas. Essa articulação permite concebê-las como ações complementares e interdependentes que têm seus participantes, sejam eles os professores, familiares, estudantes, gestores, comunidade, como peças-chave para a criação de sentidos e tomadas de decisão que revigoram e possibilitam a continuidade de cada etapa do projeto.
Percebemos, neste capítulo, que a interdisciplinaridade e a interculturalidade são caminhos que se cruzam, são propostas que

assumem o processo colaborativo como ponto de partida e como dinâmica para a participação de diferentes pessoas com distintas faixas etárias, formações, conhecimentos e condições socioculturais em busca de soluções comuns para problemas coletivos.

Apresentamos, ainda, possibilidades para o delineamento de projetos interculturais, buscando demonstrar suas etapas de elaboração e desenvolvimento. Sabemos que não existem modelos prontos nem receitas infalíveis, mas consideramos que explicitar algumas propostas pode inspirar a reflexão de outros coletivos. Por essa razão, partimos dos temas transversais presentes em documentos oficiais da educação como uma possibilidade para se pensar em intervenções interculturais em um país tão extenso e de múltiplas culturas e realidades como o Brasil. Essas propostas abertas permitem ousadia e criatividade para ressignificar diferentes contextos e situações, que, de forma isolada, podem até parecer intransponíveis, mas são passíveis de serem transformadas coletivamente de maneiras ainda não imaginadas – ou ainda só imaginadas – em contextos diversos e interculturais.

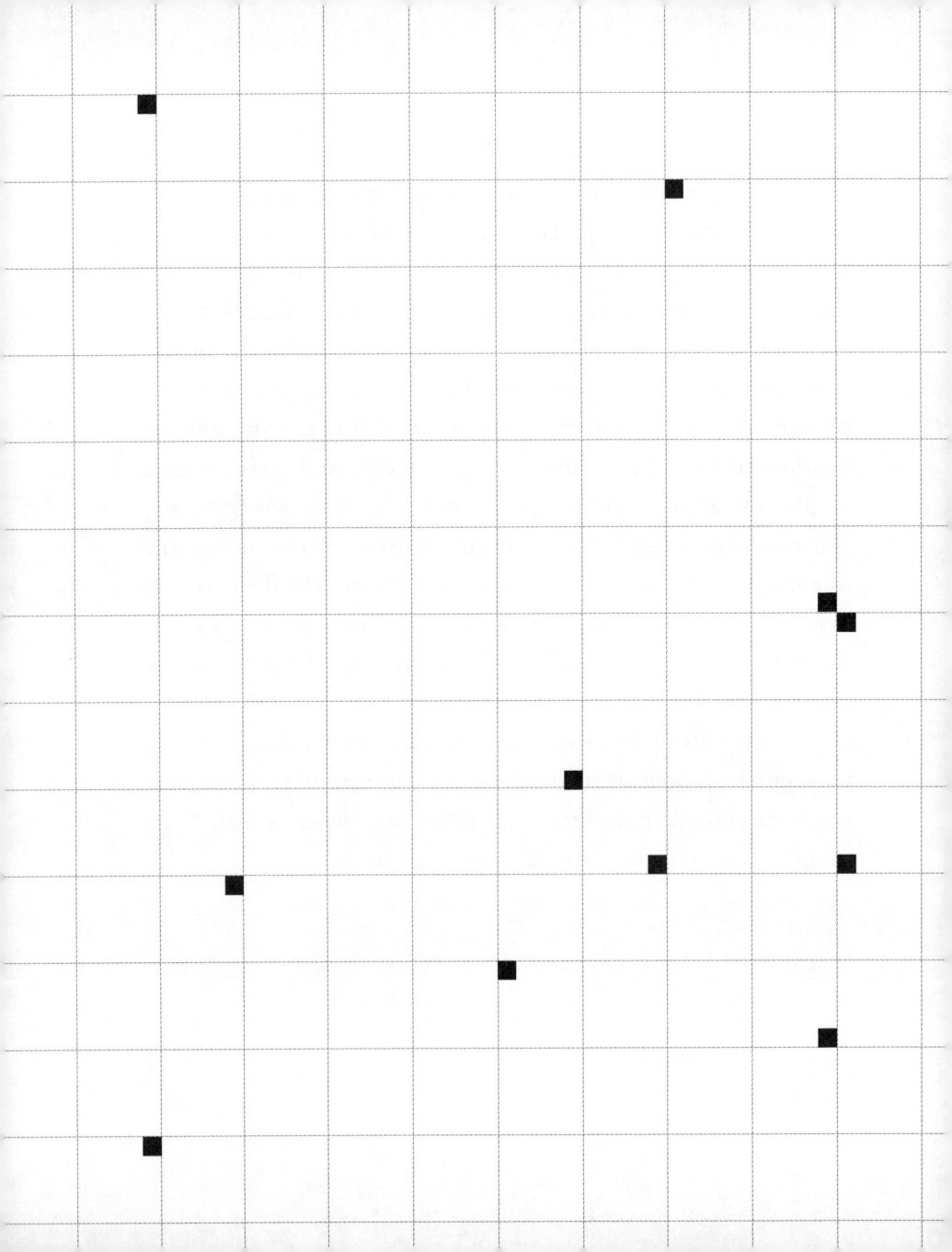

5 Avaliação e revisão das ações

Introdução

A abordagem via projetos interculturais inclui o estabelecimento de instrumentos de avaliação das ações, dos coletivos e dos indivíduos que os compõem. No contexto educacional, a avaliação permite a análise das rotas tomadas e a readequação dos caminhos a seguir para que as ações do projeto tenham êxito, não sendo entendida de forma alguma como controle, sanção ou restrição. A avaliação é uma atividade essencial em um projeto intercultural para medir o impacto das ações de um projeto. A partir da avaliação, por exemplo, secretarias governamentais nas esferas federal, estadual e municipal direcionam suas prioridades e selecionam os projetos a serem financiados. No entanto, essa prática acaba sendo complexa e sujeita a múltiplas tensões. A avaliação precisa ser considerada para além de sua dimensão rotineira de julgamento técnico, visto que se trata de uma estratégia institucional abrangente para a melhoria contínua dos resultados do projeto educacional.

Nossa proposta, neste capítulo, é evidenciar a importância da avaliação no processo de desenvolvimento das ações do projeto intercultural. Cada etapa avaliada oferece pistas sobre o caminho que está sendo traçado e os ajustes necessários para que os objetivos sejam contemplados de forma plena.

Continuidade e renovação

Por que avaliar um projeto de educação intercultural?

A avaliação de um projeto de educação intercultural é uma ferramenta que permite:

- comparar a situação atual com uma situação inicial antes da implementação dos objetivos do projeto;
- entregar uma prévia das ações e objetivos alcançados para as partes interessadas do projeto;

• fazer recomendações, propor melhorias e ajustes na condução do projeto.

Assim, podemos usar os resultados da avaliação para:
• fazer recomendações para melhorias futuras;
• tomar decisões para corrigir falhas;
• ampliar o alcance do projeto;
• verificar se as necessidades e expectativas dos beneficiários foram atendidas;
• determinar quais são os pontos fortes e fracos das ações educacionais realizadas;
• promover as ações do projeto com parceiros ou novos públicos.

Concepções de avaliação

A avaliação de um projeto não deve ser vista pelos coordenadores como uma espada de Dâmocles, uma sanção ou uma ameaça de sanção. Além de relatar os efeitos das atividades do projeto, a avaliação é, sobretudo, um passo que possibilita questionar e rever as orientações iniciais. Esse trabalho está a serviço do projeto e da comunidade educacional. O objetivo da avaliação não é questionar o projeto como um todo, mas redefinir e redirecionar suas prioridades e ações para obter êxito nos objetivos propostos.

Em relação ao momento da avaliação, Lauwerier e Akkari[63] identificam quatro abordagens distintas referentes ao conceito de avaliação:

1. **A avaliação diagnóstica**: que permite garantir a viabilidade inicial de um projeto educacional.

2. **A avaliação intercalar**: que corresponde à fase de monitoramento e implementação do projeto. O objetivo é reduzir os riscos e corrigir os parâmetros de um projeto, especialmente em contextos políticos, sociais e econômicos instáveis.

3. **A avaliação final**: que avalia um projeto em todas as suas dimensões. Pode ser o prelúdio de um novo projeto liderado pela organização e a oportunidade de compreender os sucessos e limites do projeto.

4. **A avaliação contínua**: uma abordagem raramente usada em projetos devido a seu custo, consiste em construir um grupo responsável pela avaliação contínua das ações implementadas pelo

---

63 LAUWERIER, T.; AKKARI, A. *Construire et mettre en œuvre un projet de coopération internationale en éducation*, 2019.

projeto. Essa célula pode ser controlada interna ou externamente. A avaliação contínua pode ser relevante na medida em que pode trazer uma ótima resposta ao campo. No entanto, também pode gerar estresse para os coordenadores de projeto e um custo significativo.

Dois princípios fundamentais podem orientar a avaliação de um projeto intercultural:

• Avaliação interna, considerando todos os membros da comunidade educacional (crianças, famílias, professores, gestão escolar e colaboradores).

• Pesquisa-ação como método de trabalho comum com a universidade. É preciso estudar com os participantes do projeto as possibilidades de melhoria e não impor a eles maneiras de proceder. É um processo de experimentação e avaliação permanente.

Divulgação dos efeitos do projeto

A prestação de contas é o último passo no monitoramento de resultados. Essa etapa consiste em avaliar o projeto educacional e apresentar os resultados dessa avaliação à comunidade. O relatório de um projeto educacional pode ser produzido com a participação dos envolvidos e registrado por meio de vários recursos:

- Portfólio;
- Fotografia;
- Vídeo;
- Dossiê;
- *Sites* e páginas nas redes sociais;
- Jornal escolar ou comunitário;
- Rádio escolar ou comunitária.

É importante que o relatório seja um registro das atividades realizadas no projeto, destacando cada etapa, de modo a demonstrar o antes e o depois, ou seja, como o projeto mobilizou recursos e proporcionou as mudanças desejadas. O registro das atividades e a divulgação dos resultados de um projeto intercultural são importantes para comunicar essas ações educativas para um público mais amplo do que o que participou diretamente do projeto. Por isso, escolher uma boa forma de transmitir os avanços e aprendizados coletivos, em linguagem simples, acessível e interessante é também uma das dimensões educacionais de um projeto intercultural. Associar-se a um jornal, rádio ou televisão local pode ser bastante produtivo para ampliar o alcance de um projeto.

Também as redes sociais e a Internet são canais essenciais para difundir os conhecimentos e as descobertas de um projeto.

No ano de 2020, fomos surpreendidos com a pandemia de Covid-19, que teve entre as medidas preventivas e protetivas a suspensão das atividades acadêmicas. Em um intervalo relativamente pequeno, educadores de todas as etapas de ensino precisaram reinventar suas práticas, de modo a oferecer condições e dar continuidade aos processos educativos. A crise sanitária, associada ao isolamento social, impulsionou o uso das tecnologias digitais na educação. Aproveitar tais experiências, que transformaram as práticas pedagógicas, para transmitir, comunicar e divulgar experiências exitosas pode se configurar em uma prática viável para solucionar algumas barreiras institucionais e ampliar as trocas de experiências educativas.

Compartilhamento para a comunidade educativa

Para além do compartilhamento de saberes e descobertas, um projeto intercultural pode também integrar pessoas externas à comunidade escolar em diversas ações, permitindo que façam parte dela, conhecendo mais a escola, os alunos e os educadores. A participação efetiva, isto é, com poder de decisão, de diversas pessoas é um processo também denominado de *autodeterminação* que contribui para o desenvolvimento do indivíduo a partir de suas próprias habilidades e atitudes como agente causal primário em sua própria vida, suas escolhas e decisões. A autodeterminação diz respeito às ações próprias de um indivíduo, livre de influências externas excessivas.[64] Isso implica, portanto, que os participantes de um projeto intercultural são considerados sujeitos de direito plenos em suas situações de vida, podendo fazer escolhas livremente, tomar decisões, resolver problemas, estabelecer metas, observar, avaliar e aprimorá-las, antecipar as consequências de suas ações, conhecer a si próprio e, como consequência, sentir confiança em sua atuação social.

Desenvolver tais habilidades entre os participantes de um projeto intercultural é um forte indicativo de êxito, pois elas podem garantir a continuidade da proposta na instituição de modo a não vincular uma determinada ação a uma pessoa ou grupo. Um projeto intercultural bem-sucedido é sustentado por um coletivo que acredita e impulsiona sua continuidade, garantindo seu caráter cíclico A participação em um projeto dessa natureza

---

64 WEHMEYER, M. Student Self-Report Measure of Self-Determination for Students with Cognitive Disabilities. *Education and Training in Mental Retardation and Developmental Disabilities*, 1996, p. 282-293.

converte *participantes* em *autores*, o que representa uma experiência formativa importante do ponto de vista individual, coletivo e institucional.

Institucionalização das ações interculturais

Compartilhar e institucionalizar representam as últimas fases de um projeto intercultural. Isso significa que a gestão de um projeto intercultural não termina quando o projeto é concluído. É necessário também que a experiência adquirida seja útil tanto para os membros do projeto, como para a instituição, em projetos futuros. Por isso, é essencial compartilhar o conhecimento desenvolvido durante o projeto, mas também a experiência adquirida em sua gestão. A disseminação de boas práticas dá ao projeto uma dimensão totalmente nova, especialmente se esse aspecto for considerado desde o início.

    O compartilhamento da experiência é antes de tudo uma ação de estruturação do conhecimento, baseia-se na experiência do projeto, no conhecimento desenvolvido e nos comportamentos a gerir, permitindo desenvolver modelos que podem ser utilizados no contexto de projetos semelhantes para evitar cometer os mesmos erros, promover e adaptar boas práticas, desenvolver analogias e desenvolver com mais rapidez medidas para a solução de problemas.

A institucionalização é entendida, dessa maneira, como um processo pelo qual uma dada realidade social emerge de uma instituição. Ela marca um período no qual o que ainda não era percebido como existente pelos agentes sociais não gerava uma intervenção; vai ganhando corpo *pela* e *em* sua presença por meio de pensamentos, discursos e práticas. Essa novidade acaba, assim, sendo dotada de exterioridade, força e consistência suficientes para se tornar realidade. A institucionalização é, pois, um processo estratégico em projetos interculturais. Na verdade, quando um projeto intercultural ganha legitimidade junto aos membros da comunidade escolar, podemos considerar que testemunhamos uma mudança nas representações culturais em favor da diversidade. A institucionalização abre, portanto, caminho para a disseminação da interculturalidade como inovação educacional e social no sistema escolar.

Síntese

Neste capítulo, enfatizamos a importância da avaliação como instrumento que permite continuar ou renovar ações. É a avaliação que poderá mostrar se o roteiro traçado inicialmente permitirá chegar ou não aos objetivos desejados, permitindo redefinir estratégias.

O processo avaliativo acompanha todo o desenvolvimento do projeto, possibilitando criar novas etapas ou abandonar planos que não levam aos resultados previamente pactuados. Por isso, a avaliação pode também levar ao traçado de novos objetivos, visto que durante a execução do projeto novas perspectivas e visões podem surgir.

Com base na relevância da avaliação, destaca-se também a importância da divulgação das experiências adquiridas no decorrer do projeto, que devem ser reconhecidas, comemoradas e divulgadas em outros contextos com o propósito de compartilhar conhecimentos e motivar outras pessoas e instituições a efetivarem mudanças que levem à inclusão e à interculturalidade.

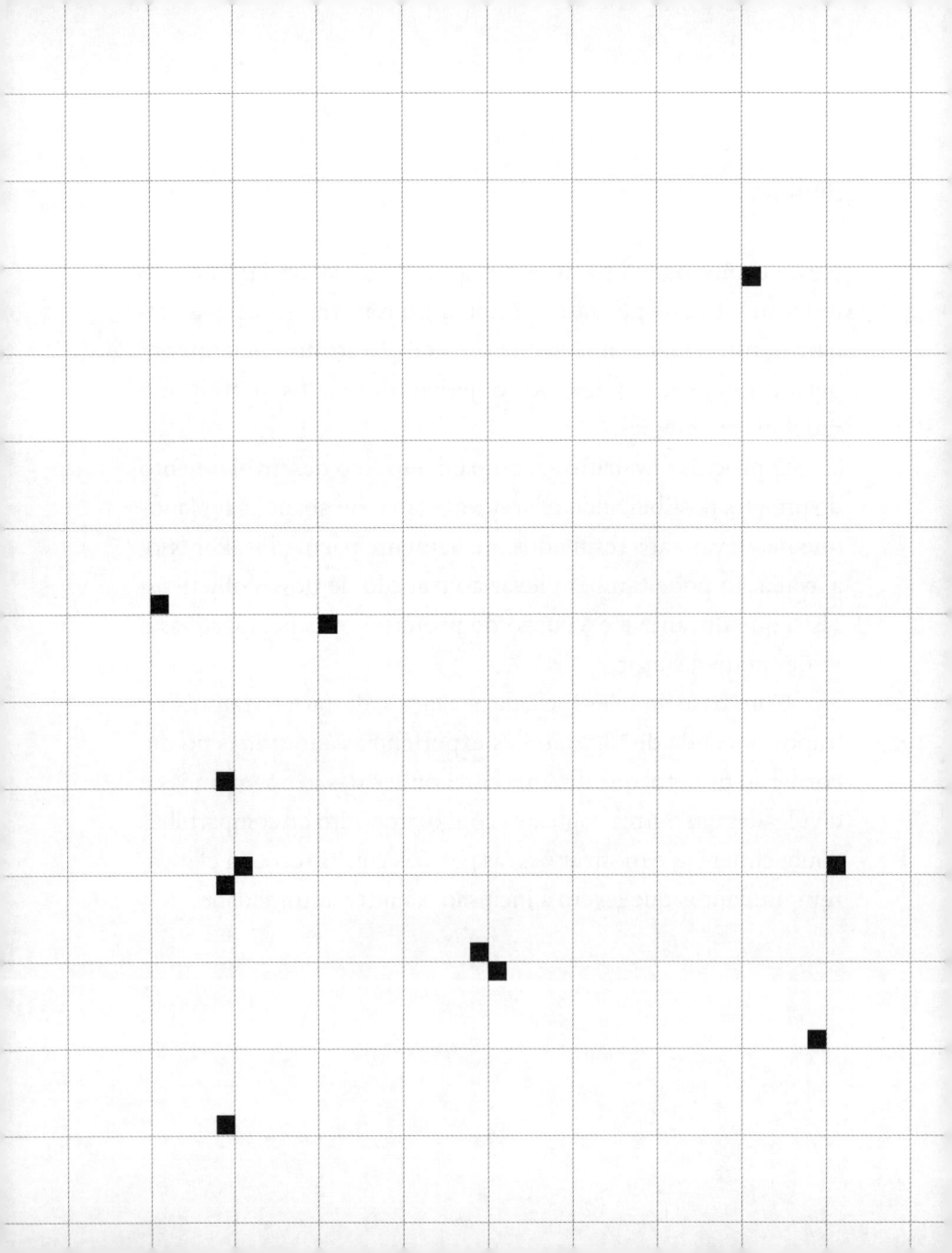

6 Novos ciclos e recriação de projetos interculturais

Um projeto educacional intercultural é uma proposta que estimula a aquisição de valores para os participantes do processo educacional durante um período de tempo. É um processo colaborativo, frequentemente envolvendo diferentes professores, alunos e funcionários, e cuidadosamente planejado para atingir um objetivo específico de aprendizagem coletiva.

Todo projeto contempla algumas tensões a serem consideradas durante sua implementação, a saber:

• entre o individual e o coletivo, uma vez que um projeto é sempre realizado por vários participantes, mesmo que exista um responsável (geralmente o corpo docente) em projetos interculturais na escola;

- entre o sucesso e o fracasso, porque o projeto nem sempre alcança sucesso;
- entre tempo e espaço, apesar da emergência;
- entre a singularidade e o respeito aos procedimentos institucionais, já que é preciso encontrar caminhos criativos apesar da burocracia;
- entre o otimismo e o realismo, pois a utopia ajuda a caminhar, mas é também preciso encontrar limites razoáveis.[65]

Assistimos ao nascimento e desenvolvimento de muitos projetos interculturais no Brasil e em outras partes do mundo. Mas quais são as características dos projetos de sucesso que nos marcaram fortemente?

Em primeiro lugar, o fator humano, um projeto intercultural relevante é aquele realizado por pessoas entusiastas, lúcidas e otimistas quanto ao futuro da educação. Os projetos às vezes são implementados em condições hostis e precárias, mas o entusiasmo é uma energia que possibilita mudanças e engajamento da comunidade. Em seguida, pode-se considerar que projetos promissores são aqueles que favorecem ações concretas e mudanças no cotidiano da escola. Podem ser pequenas mudanças,

---

65 BOUTINET, J.-P. *Antropologia do projeto*, 2002.

mas que dão esperança aos interessados. Para comunidades cultural e linguisticamente minoritárias, por exemplo, ter suas imagens e línguas representadas na escola faz com que se sintam parte deste ambiente.

Além disso, o sucesso de um projeto depende de valores. Trata-se de criar dentro da escola uma conexão e compartilhamento de valores em torno do projeto. É por isso que se faz necessário estimular as comemorações, a convivência e os rituais em torno de um projeto. Por fim, a consistência e a ética dos líderes do projeto são essenciais para seu sucesso. Vimos muitos projetos interculturais em torno da cidadania adotarem uma abordagem vertical para a liderança escolar. Quando falamos em coerência, a ideia é reduzir ao máximo a distância entre o discurso ou os princípios e as ações. Obviamente, é mais fácil falar do que fazer.

O intuito deste livro é ser breve e acessível a qualquer educador ou pessoa que queira lançar um projeto intercultural. Esta orientação está ligada ao fato de acreditarmos firmemente que um projeto intercultural se vive em ação. Portanto, desejamos que nossos leitores se sintam encorajados a apresentarem ideias, compartilhá-las com outras pessoas e colocá-las em prática.

Desenvolvimento de um projeto intercultural na escola

1. Diagnóstico dos desafios, problemas e possibilidades da escola

Por envolver a instituição como um todo, deve partir da direção e se basear em estatísticas, relatos, acontecimentos e no diálogo com a comunidade escolar.

2. Escolha do escopo do projeto e definição do grupo de trabalho

Definir entre algumas possibilidades de relação intercultural:
• relação da escola com seu entorno sociocultural (foco na comunidade);
• relação entre os membros da escola (foco na vida escolar);
• relação entre educadores e educandos (foco na sala de aula).

a) Projeto "Além dos muros da escola"
• Mobilizar os funcionários.
• Atrair os estudantes.
• Envolver as famílias.
• Movimentar a comunidade e convidar OSCs.
• Sensibilizar funcionários, famílias e estudantes sobre grupos marginalizados na comunidade.

b) Projeto "Vivendo bem na escola"
• Promover o trabalho colaborativo entre gestão, docentes e discentes.
• Eleger um tema urgente, como: violência, assédio, discriminação.
• Melhorar o ambiente e a infraestrutura da escola.
• Apoiar estudantes com deficiência ou que sofrem discriminação.

c) Projeto "Aprendendo juntos"
• Refletir sobre o currículo.
• Organizar as aprendizagens, valorizando as linguagens e as culturas dos estudantes.
• Usar inovações educacionais, como: aprendizagem cooperativa, baseada em problemas, habilidades e projetos.

3. Escrita do texto do projeto e compartilhamento com a comunidade escolar

John Dewey,[66] filósofo e pedagogo norte-americano precursor da pedagogia de projetos, nos adverte que a formação de um projeto é uma operação intelectual complexa que envolve a observação das condições oferecidas pelo meio ambiente; o conhecimento do que pode ter acontecido no passado em circunstâncias semelhantes; o conhecimento tanto por lembrança quanto por informações, conselhos, advertências de quem tem mais experiência; e o julgamento que sintetiza observações e memórias para revelar seu significado. O autor esclarece ainda que um projeto difere de um primeiro impulso, necessitando de um desejo pelo trabalho que envolve a elaboração segundo um plano e um método de ação baseados na antecipação das consequências, de certas condições dadas e em determinada direção. O desejo por algo pode ser tão intenso que ignora as consequências de fazer acontecer. Portanto, não são movimentos repentinos que fornecerão um modelo para a educação, mas sim ações cuidadas, planejadas e oriundas de um olhar coletivo. O problema crucial é fazer com que a ação, em vez de seguir imediatamente o desejo, seja adiada até que a observação e o diagnóstico ocorram.

---

66 DEWEY, J. *Experiência e educação*, 2011.

Finalizamos este trabalho reiterando que nosso principal objetivo é oferecer às/aos professoras/es de comunidades educativas uma ferramenta para a concepção de projetos interculturais, procurando alternar reflexões teóricas com sugestões práticas que fomentem a reflexão sobre a importância da interculturalidade. O sucesso de nossa abordagem provavelmente será avaliado pela quantidade e pela qualidade dos projetos que a leitura deste trabalho proporcionará.

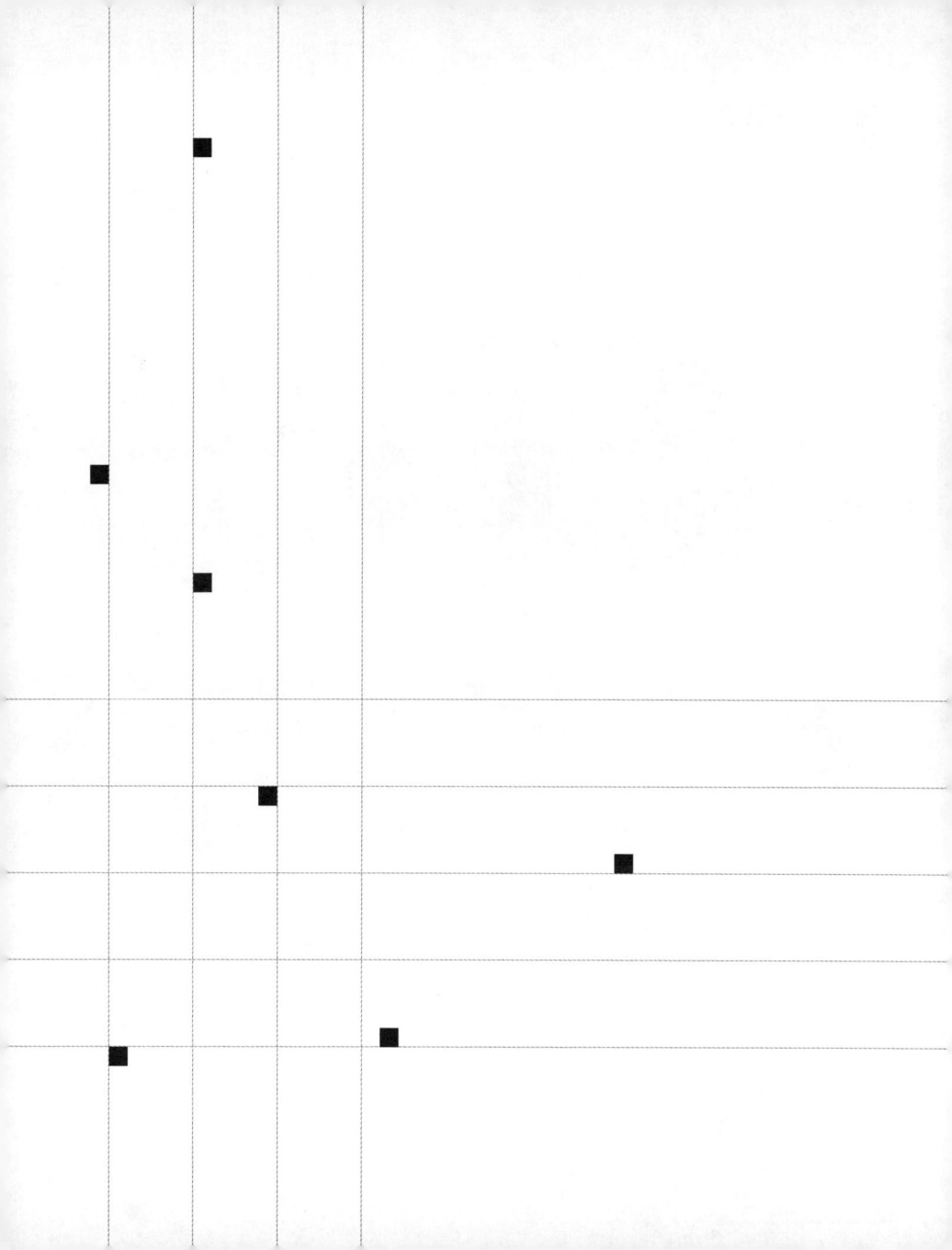

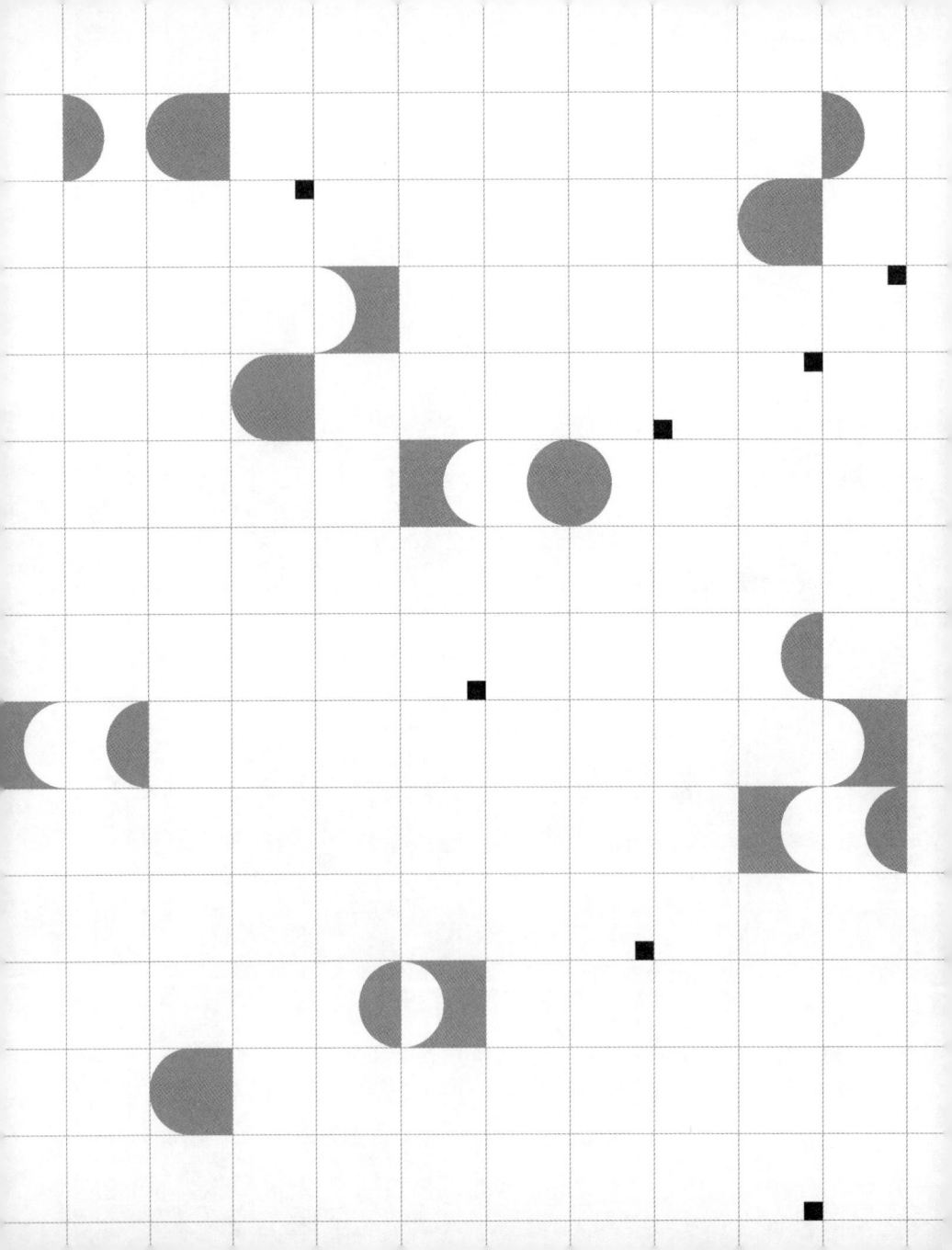

Bibliografia

ADICHIE, Chimamanda. O perigo da história única. TED *Talk*, 2014. Disponível em: tinyurl.com/4ayx3j96. Acesso em: 19 jun. 2022.

AKKARI, Abdeljalil; SANTIAGO, Mylene Cristina. Diferenças na educação: do preconceito ao reconhecimento. *Revista Teias*, v. 16, n. 40, p. 28-41, mar. 2015. Disponível em: tinyurl.com/yx7amhus. Acesso em: 7 ago. 2021.

ALVES, Leonardo Marcondes. O que é cultura? Antropologicamente falando. *Ensaios e Notas*, 2014. Disponível em: tinyurl.com/2dfmjbyc. Acesso em: 14 jun. 2022.

ARIAS, Patricio Guerero. *La cultura*: estrategias conceptuales para comprender la identidad, la diversidad, la alteridad y la diferencia. Quito: Ediciones Abya-Yala, 2002. Disponível em: tinyurl.com/3jtr46hp. Acesso em: 2 maio 2023.

ARROYO, Miguel G. *Currículo*: território em disputa. Petrópolis/RJ: Vozes, 2011.

BOOTH, Tony; AINSCOW, Mel. *Index para a inclusão*: desenvolvendo a aprendizagem e a participação na escola. Tradução de Mônica Pereira dos Santos e João Batista Esteves. Rio de Janeiro: UFRJ/LaPEADE, 2011. Disponível em: tinyurl.com/nyn4v7fa. Acesso em: 2 maio 2023.

BORGES. Juliana. A ideologia racista como mito fundante da sociedade brasileira. *Blog da Boitempo*, 8 de agosto de 2017. Disponível em: tinyurl.com/49eus4c8. Acesso em: 26 nov. 2022.

BOUTINET, Jean-Pierre. *Antropologia do projeto*. Porto Alegre: Artmed, 2002.

BRAGA, Natália Sampaio de Carvalho. *Criar para aprender:* a produção de documentário na escola. Trabalho de Conclusão de Curso. Escola de Comunicação, Universidade Federal do Rio de Janeiro, 2016.

BRASIL. Ministério da Educação. *Base Nacional Comum Curricular*. MEC: Brasília, 2018.

BRASIL. Ministério da Educação/Secad. *Diretrizes curriculares nacionais para a educação das relações étnico-raciais e para o ensino de história e cultura afro-brasileira e africana na educação básica*. Brasília, 2004.

BRASIL. Secretaria de Educação Fundamental. *Parâmetros Curriculares Nacionais*: apresentação dos Temas Contemporâneos Transversais. Secretaria de Educação Fundamental. Brasília: MEC/SEF, 1997.

CANDAU, Vera Maria Ferrão. Cotidiano escolar e práticas interculturais. *Cadernos de Pesquisa*, v. 46, n. 161, pp. 802-820, 2016. Disponível em: tinyurl.com/seloemilia. Acesso em: 19 jun. 2022.

CANDAU, Vera Maria Ferrão. Diferenças culturais, interculturalidade e educação em direitos humanos. *Educação & Sociedade*, v. 33, n. 118, p. 235-250, 2012. Disponível em: tinyurl.com/3cjkn4h4. Acesso em: 7 ago. 2021

CASTRO, Alex. Caminhada do privilégio. *Portal Geledés*, 2016. Disponível em: tinyurl.com/mvszr5es. Acesso em 2: maio 2023.

COELHO, Leonardo. Jornais comunitários preenchem lacunas de informação e lutam contra estereótipos para produzir jornalismo verdadeiramente local. *Portal LaTam Journalism Revew*, 8 de novembro de 2021. Disponível em: tinyurl.com/2djzx575. Acesso em: 19 jun. 2022.

DARLING-HAMMOND, Linda. *El derecho de aprender*: crear buenas escuelas para todos. Barcelona: Ariel, 2001.

DEWEY, John. *Experiência e educação*. São Paulo: Vozes, 2011.

DOMINGUES, Petronio. O mito da democracia racial e a mestiçagem no Brasil (1889-1930). *Revista Diálogos Latino-americanos*. v. 10, 2005.

FERNANDES, Lorena I.; FERREIRA, Camila A. O movimento escola sem partido: ascensão e discurso. *Humanidades em diálogo*, v. 10, p. 194-209, 2021. Disponível em: tinyurl.com/bdfffhmv. Acesso em: 5 maio de 2023.

FREIRE, Paulo. *Pedagogia da autonomia*: saberes necessários à prática educativa. Rio de Janeiro: Paz e Terra, 1996.

FREIRE, Paulo. *Pedagogia da indignação*: cartas pedagógicas e outros escritos. São Paulo: UNESP, 2000.

FREIRE, Paulo. *Pedagogia do oprimido*. Rio de Janeiro: Paz e Terra, 2018.

FULLAN, Michael. Change theory as a force for school improvement. In: BURGER, John; WEBBER, Charles; KLINCK, Patricia. (eds.). *Intelligent Leadership*. Springer, Dordrecht, p. 27-39, 2007.

FUNGULANE, Paulo; GUNZA, Helena; CHICO, Hermelindo. Ensino da cidadania e interculturalidade lusófona nas escolas públicas do Maciço de Baturité, Ceará, Brasil. *Anais do VIII Artefatos da Cultura Negra*: educação, justiça social e demandas contemporâneas, de 25 de setembro a 30 de setembro de 2017. OLIVEIRA et al. (org.). Crato-CE: Universidade Regional do Cariri, 2017.

GOMES, Nilma Lino. Educação e identidade negra. *Aletria:* Revista de Estudos de Literatura, v. 9, p. 38-47, 2002.

HALL, S. A centralidade da cultura: notas sobre as revoluções culturais do nosso tempo. *Educação & Realidade*, v. 22, n. 2, 2017. Disponível em: tinyurl.com/abfupf7r. Acesso em: 19 jun. 2022.

HERNÁNDEZ, F. *Transgressão e mudança na educação*: os projetos de trabalho. Porto Alegre: Artmed, 1998.

LAUWERIER, Thibaut; AKKARI, Abdeljalil. *Construire et mettre en œuvre un projet de coopération internationale en éducation*. Lyon: Chronique Sociale, 2019.

OLIVEIRA, Ana Elisa Antunes de. Roda de conversa e círculo de cultura: instrumentos com potencial de mobilização e emancipação. *Revista Panorâmica*. Edição Especial, 2021. Disponível em: tinyurl.com/yn7yc6y7. Acesso em: 19 jun. 2022.

ORIBE, Claudemir Y. Diagrama de árvore: a ferramenta para os tempos atuais. *Banas Qualidade*, ano XIII, n. 142, p. 78-82, mar. 2004.

OTT, E. et al. Relevance of Knowledge, Skills and Instructional Methods from the Perspective of Students and Professionals in the Field of Accounting: International Comparative Study. In: V ANPCONT Congress 2011, Vitória/ES, *Annals*, Accounting and Performance in the New Development Cycle, 2011.

PARANÁ. Governo do Estado. *Mostra da Unicentro valoriza cultura e compartilha práticas na educação de surdos*. Disponível em: tinyurl.com/uja2rp2e. Acesso em: 19 jun. 2022.

PATTO, Maria Helena Souza. Para uma crítica da razão psicométrica. Psicologia USP, v. 8, n. 1, p. 47-62, 1997.

PONCHIROLLI, Rafaela. *Lugar de fala*: o que esse termo significa? Disponível em: www.politize.com.br/o-que-e-lugar-de-fala. Acesso em: 19 jun. 2022.

RIBEIRO, Djamila. *Lugar de fala*. São Paulo: Jandaíra, 2019.

SANTIAGO, Mylene C. *Laboratório de aprendizagem:* das políticas às práticas de inclusão e exclusão em educação. Tese de Doutorado. Rio de Janeiro: UFRJ, 2011.

SANTIAGO, Mylene C.; ANTUNES, Katiuscia C. V.; AKKARI, Abdeljalil. Educação para a cidadania global: desafios para a BNCC e formação docente. *Revista Espaço do Currículo*, v. 13, n. Especial, p. 687–699, 2020.

SANTIAGO, Mylene; AKKARI, Abdeljalil. Políticas curriculares, trajetórias docentes e ensino culturalmente apropriado. *Revista da ABPN*, vol. 6, n. 13, p. 286-402, 2014.

SANTIAGO, Mylene; AKKARI, Abdeljalil; MARQUES, Luciana P. *Educação intercultural*: desafios e possibilidades. Petrópolis: Vozes, 2013.

SÃO PAULO. Secretaria de Educação. Em debate, estudantes falam sobre bullying, diferenças e tolerância. *YouTube*. Disponível em: tinyurl.com/2d7wzmzh. Acesso em: 19 jun. 2022.

SCHEURICH, James; YOUNG, Michelle. Coloring epistemologies: are our research epistemologies racially biased? *Educational Researcher*, 26, p. 4-16, 1997.

SILVA, Maria Abádia da. Qualidade social da educação pública: algumas aproximações. *Cadernos CEDES*, v. 29, n. 78, p. 216-226, 2009. Disponível em: tinyurl.com/awn5cf5j. Acesso em: 23 jun. 2022.

STOER, Stephen; CORTESÃO, Luisa. *Levantando a pedra:* da pedagogia inter/multicultural às políticas educativas numa época de transnacionalização. Porto: Afrontamento, 1999.

UNESCO. *D'une bonne idée à un projet réussi*. Paris: UNESCO, 2000.

UNICEF. *Declaração Mundial sobre Educação para Todos*, Conferência de Jomtien, Tailândia, 1990.

UNIVERSIDADE Federal de Santa Catarina. *Planejamento na Atenção Básica*. Especialização Multiprofissional na Atenção Básica. Disponível em: tinyurl.com/yy8pf268. Acesso em: 4 ago. 2023.

WEHMEYER, Michael L. Student Self-Report Measure of Self-Determination for Students with Cognitive Disabilities. *Education and Training in Mental Retardation and Developmental Disabilities*, 31, p. 282-293, 1996.

XAVIER, Giseli P. M.; CANEN, Ana. Multiculturalismo e educação inclusiva: contribuições da universidade para a formação continuada de professores de escolas públicas no Rio de Janeiro. *Pro-Posições*. Campinas, v. 19, n. 3, p. 225-242, 2008. Disponível em: tinyurl.com/yeywn84s. Acesso em: set. 2023.

YOSHIDA, Soraia. Nenhuma sociedade pode ser bem-sucedida sem uma boa Educação. *Portal Amanbai Notícias*, 14 de maio de 2008. Disponível em: tinyurl.com/ysndspfv. Acesso em: 20 jun. 2022.

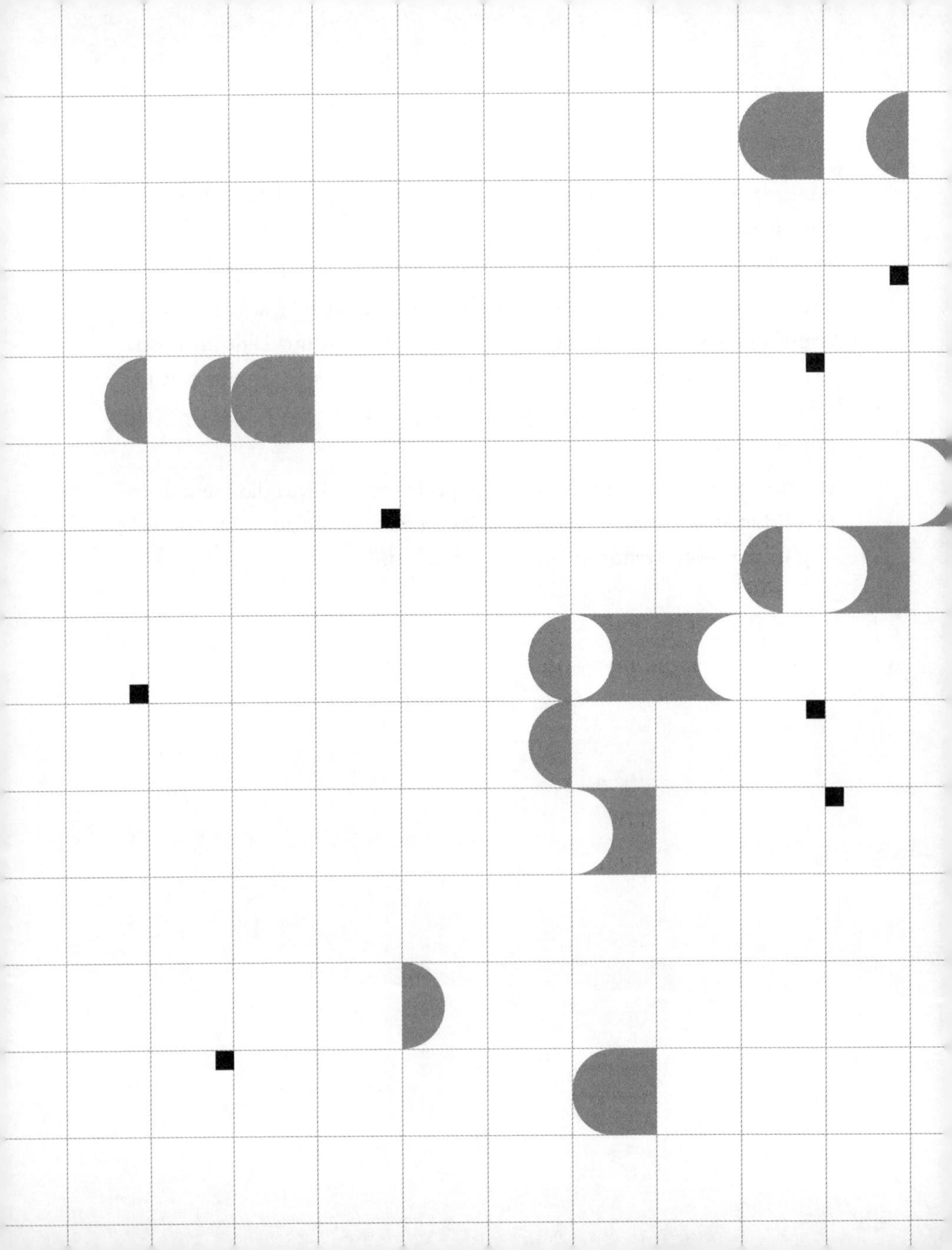

Sobre os autores

ABDELJALIL AKKARI é doutor em Ciências da Educação pela Universidade de Genebra, onde atua como professor e da qual foi diretor. Tem pós-doutorado pela Universidade de Baltimore (EUA). É consultor da Unesco e de outras organizações internacionais. Realiza estudos sobre desigualdades educacionais, educação comparada, conexões entre culturas, multiculturalismo e Educação. Tem diversas publicações em português, incluindo dois livros: *Internacionalização das políticas educacionais: transformações e desafios* e *Educação Intercultural: desafios e possibilidades*.

MYLENE SANTIAGO é pedagoga, com mestrado e doutorado em Educação. Foi professora e atuou na gestão da inclusão na educação na rede pública de ensino de Juiz de Fora (MG). Foi professora de Didática na Universidade Federal Fluminense. Atualmente, é professora do Departamento de Educação da Universidade Federal de Juiz de Fora, onde atua no ensino, pesquisa e extensão nas áreas de formação docente, inclusão em educação, interculturalidade e acessibilidade curricular.

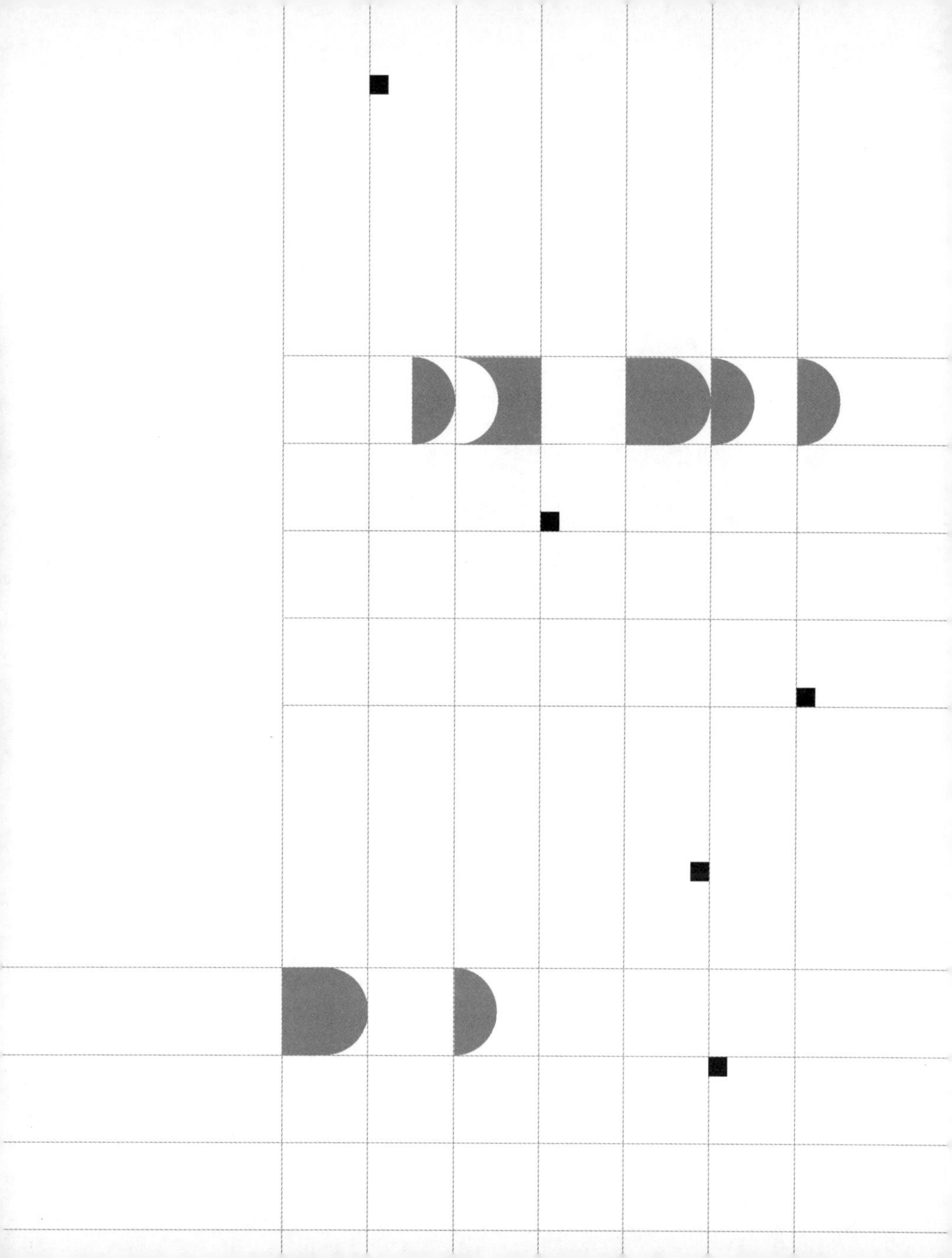

Este livro foi composto em Dante e Raleway,
impresso em papel offset 75 g/m², em março de 2024,
na gráfica Viena, em São Paulo.